낯선 이를 알아보기

RECOGNIZING THE STRANGER
by Isabella Hammad

Copyright © Isabella Hammad 2024
All rights reserved.

Korean translation edition is published by arrangement with
Rogers, Coleridge and White Ltd. through EYA Co., Ltd.

Korean Translation Copyright © Minumsa 2025

이 책의 한국어 판 저작권은 EYA Co., Ltd를 통해
Rogers, Coleridge and White Ltd.와 독점 계약한 (주)민음사에 있습니다.

저작권법에 의해 한국 내에서 보호를 받는 저작물이므로
무단 전재와 무단 복제를 금합니다.

Epigraph published in Archipelago Books' 2010 edition of
Journal of an Ordinary Grief by Mahmoud Darwish.
Permission granted by publisher

이사벨라 함마드 Isabella Hammad

이사벨라 함마드는 팔레스타인계 영국 작가로, 2019년 첫 장편 소설 『파리지앵(The Parisian)』으로 《뉴욕 타임스》가 선정하는 '올해의 주목할 만한 책'에 이름을 올리고, 《가디언》으로부터 "뛰어난 데뷔작"이라는 호평을 받는다. 뒤이어 장편 소설 『유령 등장(Enter Ghost)』으로 '가장 훌륭한 두 번째 작품'에 수여하는 왕립문학협회 앙코르 문학상을 수상하며 문단에 확고히 자리매김한다. 그 밖에도 여성 문학상과 왕립문학협회 온다체상 최종 후보에 오르고, 애스펀 워즈 문학상, 플림프턴상, 미국 예술문학아카데미가 주최하는 수 카우프먼상 그리고 팔레스타인 도시상과 베디 드레스그상을 수상한다. 2023년에는 《그랜타》가 선정하는 '영국 최고의 젊은 소설가' 중 한 사람으로 지명되고, 미국 필라델피아에서 열린 '팔레스타인 문학제'의 연사로 참여한다. 그리고 같은 해, 함마드는 미국 컬럼비아 대학교에서 열리는 '에드워드 사이드 추모 강연'의 발표를 맡아 연단에 오르는데, 이때 선보인 강연록이 바로 이 책, 『낯선 이를 알아보기』다.

옮긴이 강동혁

서울대학교 영문학과와 사회학과를 졸업하고, 같은 대학원에서 영문학 석사 학위를 받았다. 옮긴 책으로 카베 악바르의 『순교자!』, 앤디 위어의 『프로젝트 헤일메리』, 바버라 킹솔버의 『내 이름은 데몬 코퍼헤드』, 살만 루슈디의 『나이프』, 에르난 디아스의 『트러스트』, 커트 보니것의 『타이탄의 세이렌』, 압둘라자크 구르나의 『그 후의 삶』, J. K. 롤링의 『해리 포터 시리즈』 등이 있다.

낯선 이를 알아보기

팔레스타인과 서사에 관하여

Recognizing the Stranger

On Palestine and Narration

이사벨라 함마드   강동혁 옮김   민음사

"가자는 사람을 냉철한 숙고로 몰아가지 않는다.
오히려 그들을 폭발시키고, 진실과 충돌하게 한다."

―마흐무드 다르위시

이 책은 2023년 9월 28일, 컬럼비아 대학교에서 열린

'에드워드 W. 사이드 기념 강연'의 내용을 정리한 것으로,

컬럼비아 대학교 펠로 협회와 헤이먼 인문학 센터의 주최로

처음 발표되었다.

일러두기

1 이 책은 Isabella Hammad, *Recognizing the Stranger* (Fern Press, 2024)를 저본으로 삼아 우리말로 옮겼다.
2 본문의 각주는 모두 옮긴이 주이다.
3 원문에서 이탤릭체 등으로 강조한 부분은 고딕체로 구분했다.

차례

낯선 이를 알아보기   11

후기   65

참고 문헌   85

낯선 이를 알아보기

이 강연에서 무슨 이야기를 할까 고민하던 중 나는 에드워드 사이드와 그가 말한 '말년의 양식(lateness)'*을 출발점으로 삼자고 생각했다가 결국 그의 초기작인

---

* 여기서 'lateness'는 단순한 시간상의 '늦음'이나 '말기'가 아닌, 에드워드 사이드가 그의 저서 『말년의 양식(On Late Style)』에서 제시한 철학적 개념이다. 사이드는 베토벤이나 괴테 등 예술가들의 말년 작품에서 나타나는 비조화, 불협화음, 미완성성과 같은 특징들을 조명하며, 이를 '말년의 양식'이라는 개념으로 설명했다. 죽음을 앞둔 시기의 회고적 감상이나 완성된 경지라기보다는, 오히려 삶의 끝자락에서 생겨나는 긴장감과 저항의 미학을 뜻한다.

『텍스트의 시작: 의도와 방법(Begginnings: Intention and Method)』으로 돌아갔다. 그런 뒤에는 결국 중간부터, 특히 서사의 중간—즉, 전환점에 관해서 이야기해야겠다고 결심했다. 나는 이 전환점을, 세계적 맥락에서 변화하는 팔레스타인의 투쟁이라는 서사 형태와 연관 지으려 한다.

삶에서는 전환점이 어디인지 확신을 가지고 정확히 짚어 내기가 어렵다. 사이드가 시작—텍스트, 시대, 이념 등 무엇의 시작이 됐든—에 대해서 말했듯 전환점 역시 인간이 구성한 것, 회고적으로 살펴볼 때나 식별하게 되는 것이다. 우리는 삶을, 혹은 역사의 전개를 돌아보며 우리가 전하는 특정한 서사의 구조에 따라 "아, 이야기가 저렇게 발전한 거구나, 저게 모든 것이 바뀐 핵심적인 지점이구나."라고 말할 수 있다. 우리는 지나고 나서야 이런 순간을 명징하게 볼 수 있으며 상대적으로 자신감을 가지고 과거 사건의 중요성을 주장할 수 있다. 불가리아의 작가 게오르기 보스포디노프의 최근 소설 『타임 셸터(Time Shelter)』에서 서술자는, 역사란 지나간 이후에나 역사가 된다고 지적한다. 그는 2차 세계 대전의 시작에 대해 이렇게 말한다. "1939년에는 1939년이 존재하지 않았을 가능성이 매우 크다. 그때는 불확실하고 겁에 질린 채 두통을 앓으며 깨어난 아침만이 있었다." 당시에 그 순간의 중요성을 알 수 없다면, 우리가 지금 살아가는 이 순간도 만성적인 "위기"처럼 느껴지게 마련이다. 인공지능의 기하급수적 발전과 핵전쟁이라는 되풀이되는 악몽이 제기하는 실존적 위기에 더해, 정치적이고 경제적인 위기와 기후 위기에 이르기까지, 위기는 우리를 사로잡는다. 서사적 시간에서 위기란 끝이 서서히 스며드는 징후로 보이지만, 현실에서 끝은 언제까지나 물러나는 지평선에 불과하다. 역사의 흐름은 언제나 우리가 그 흐름에 부과하는 서사의 틀을 넘어선다. 사람들은 여러 세대에 걸쳐 계속해서 태어난다. 우리는 개인적 삶의 끝을 넘어서는 집합적 의미를 띤 해피엔딩도, 전면적인 세계 멸망도 경험하지 않는다. 그럼에도 이런 서사적 감각은 포스트모더니즘직 재구성을 통해 유령처럼 깜빡이며 우리에게 남아 있다. 우리는 해결을 원하거나, 최소한 회고적으로는 위기라고 느꼈던 순간이 알고 보니 전환점이었다고 밝혀지기를 바란다.

소설 — 특히 유럽 소설 — 은 독자이자 연구자로서 사이드가 받은 훈련의 토대였고, 오랫동안 그의 지적 열정을 자극했다. 소설은 그가 세상을 바라보는 주요한 렌즈이자 그가 펼친 수많은 개념과 주장의 핵심에 자리한다. 북미의 대중적 담론에서야 사이드가 정치적으로 급진주의적인 인물로 그려질지 모르나 그는 무엇보다도 문학도였다. 특히 사이드는 문학적인 것이든, 다른 형식이든 간에 유럽식 재현 전통과 제국주의적 권력의 작동 방식이 맺고 있는 관계를 통찰했다. 그럼에도 그는 끊임없이 소설을 사랑했고, 소설을 자신의 연구 주제로 삼았다. 그는 문학적 유산의 복잡한 의미를 놓치지 않았다. 고전을 읽을 때, 그는 억압(oppression)과 지배(domination) 체제에 연루되어 있다고 판단되는 이전 시대의 작품들을 회고적 거부감으로 부정하기보다는 — 사이드 특유의 유용한 개념어인 — "대위법적(contrapuntal)"* 방식으로 이른바 정전(canon)을 독해하기로 했다. 물론 나

---

* 대위법적 독해(contrapuntal reading). 에드워드 사이드가 제시한 해석 방식으로, 문학 작품을 지배적인 서사와 억눌린 서사를 동시에 인식하면서 읽는 방법이다.

중에는, 사이드 자신도 점점 소설이라는 문학적 전통을 서구만의 특권이라 여기기보다 오히려 모두가 복잡하게 공유하는 상속의 장(場)으로 보게 되었다. 동방과 남방의 문화도 소설이라는 전통에 침투해 있으며 그들 역시 이 유산을 계승한다고 말이다. 종종 냉소적으로 여겨지는 이 시대에, 나는 사이드가 문학에 참여한 방식에서 일종의 인도주의를 계승한 격려와, 심지어 위안마저 발견한다. 요컨대 그의 인도주의는 유럽 부르주아지, 대체로 남성에 기원을 둔 배타적인 전통을 넘어서서 널리 진화하고, 문화와 학문 사이의 경계선을 넘어서는 데 매진하며, 비평이라는 실천을 가슴속 깊이 품고 있다.

소설을 쓸 때 (나의 경험이지만) 작가는 다양한 시점, 다양한 정도로 분열된 자각 상태를 유지해야 한다. 한편으로, 작가는 소설이 오락의 한 형태로서 영화와 시 사이의 어딘가에 존재함을 인정해야 한다. 소설은 보통 시작과 중간, 끝을 갖추고 있으며 언어로 이루어진 서사적 산물이다. 소설은 기계적 재생산의 시대에 탄생한 형식이며 상품으로서 판매된다. 오늘날에 이 같은 활동(소설의 생산)은 과거에 비해 브랜드화 작업이나 마케팅과 훨씬 긴밀하게 얽혀 있으므로, 특히 소설을 읽고 쓰며 살아온 유형의 사람에게는 그야말로 혼란스럽고 난처한 사실이 아닐 수 없다. 그런데 소설과 — 이런 표현이 적절할지 모르겠지만 — 우리의 영적 생활 사이에도 어떤 관계가 있다. 우리 중에는 위로를 받으려고, 또는 도피하려고 소설을 읽는 사람도 있다. 누군가에게 소설은 세상을 배우는 방법이다. 또 누군가는 소설을 노동처럼 고되지는 않으나 그렇다고 화면의 콘텐츠를 수동적으로 소비하는 행위라고 간주하진 않는다. 이러한 사람들에게 소설은 꿈을 꿀 때 활용하는 도구며, 다른 사람의 목소리를 경청함으로써 나 아닌 누군가의 경험에 관해 생각하는 '집중된 고독'을 누릴 수 있는 기회다. 이때 소설은 상상력을 통한 참여를 요구하고, 또 이 지구에서 살아가는 우리 자신의 경험을 비춰 줄 수도 있다. 뻔한 말로 들릴지도 모르겠지만, 소설은 세상을 이해하는 한 가지 방법으로서 서사 형식을 활용하고 경험하고자 하는 인간 충동의 지속적 표현이다. 소설을 읽고 쓰느라 대부분의 시간을 보내온 사람으로서, 나는 가끔 이 두 가지 현실이 아무런 문제 없이 공존한다고 느낀다. 그러나 많은 경우에,

이 같은 텍스트가 세상에서 행하는 진짜 역할 — 단순한 현실 도피나 도덕을 설파하려는 잘못된 시도 외에 과연 무엇이냐는 수수께끼 — 을 떠올리면 마음이 산란해지고, 심지어 불안해진다. 나는 그런 것이 소설이라는 형식을 제대로 활용하는 방법이라고는 생각하지 않는다. 사이드는 우리에게 "텍스트는 세계 속에 존재하고, 어느 정도까지는 사건이며, 얼핏 이런 진술을 부정하는 듯 보일지언정 결국 사회적 세계, 인간의 삶, 당연하게도 그 텍스트가 위치하고 해석되는 역사적 순간의 일부"라고 말한다. 이 말은 진실일지도 모른다. 그러나 책상에 앉아서 내가 하는 일이 무엇인지 생각할 때는 별달리 도움이 되지 않는다. 프랭크 커모드는 "문학이란 무언가를 발견하기 위한 것이며, 의미를 구성하려는 욕구에 따라 달라진다."라고 말한다. 이러한 진술은 소설이 끊임없이 형태를 바꾸며 새로운 의미를 추구하는 방식, 또 의미를 발견하고 만들어 내고자 하는 우리의 욕구와 소설이 연관되는 방식을 고민할 때 도움이 된다. 그런데 내게 무엇보다 도움이 되었던 것은, 실비아 윈터가 소설에 대해 한 말이다. 그녀는 소설이 "본질적으로 물음표"이기 때문에 혁명

적이라고 언급한다. 어쩌면 작가는 자신의 텍스트가 세상에서 하는 역할을 명징하게 이해할 필요가 없을지도 모른다. 어쩌면 조금은 긴장을 풀어도 괜찮으리라. 질문을 던지고, 그 질문의 의미를 뒤늦게나마 엿보는 것만으로도 충분할 수 있다.

모든 작가에게는 일종의 버릇 — 반복적으로 나타나는 특정한 레퍼토리가 있다. 내게는 인지(recognition)* 장면을 구성하는 버릇이 있다. 아리스토텔레스가 『시학』에서 아나그노리시스라고 불렀던 순간 말이다. 인지 장면은 문학의 서사에서 그리 드물지 않으며, 실은 놀랄 만큼 흔하다. 신뢰할 수 없는 서술자의 진술이나 극적 반전이 있는 대중 소설, 드라마와 할리우드 영화에서 이런 장면을 찾아볼 수 있다. 인지 장면은 서구 고전에서만 나타나는 특징도 아니다. 인지 장면은 모든 스토리텔링 전통에 내재해 있는 듯 보인다. 예컨대, 필립 케네디는 코란에 포함된 이야기나 알하리리의 『마카마트』**를 비롯한

---

* 'recognition'은 문맥에 따라 보통 '깨달음' 혹은 '인정'으로 번역된다. 이 글에서는 두 의미가 모두 쓰이며 그 중첩이 논의의 핵심을 이루기 때문에 다소 낯설 수 있으나 '인지'라는 표현을 사용했다.

아랍의 문학 전통에서 나타나는 인지 장면을 꼼꼼히 분석한 최근의 연구를 통해 그 사실을 증명했다. 게다가 아리스토텔레스의 입장에서도 수백 년 전에 상연된 연극을 분석한 것이니, 그가 서사 패러다임을 창안했다기보다 이미 존재하던 패러다임을 발견하고 그것에 이름을 붙였다고 보는 편이 옳다. 그는 등장인물이 비로소 사태의 진실을 깨닫는 순간, 보통은 플롯이 겨냥하는 지점이자 한 이야기의 수수께끼가 공전하는 중심축이기도 한 그 순간에 아나그노리시스*라는 단어를 붙였다. 행위가 시작되어 정점에 이르렀다가 결말로 수렴하는 고전적인 형식에서, 아나그노리시스는 보통 그 정점에, 비극적인

** Maqāmāt, مقامات. 아랍어로 장면 혹은 설교를 뜻한다. 10세기부터 발전한 아랍 문학의 수사적 산문 형식으로, 주로 유랑하는 이야기꾼이나 교활한 인물을 주인공으로 삼아, 기지와 언어유희를 중심으로 하는 짧은 이야기들로 구성된다. 알하리리의 『마카마트』는 이 장르를 대표하는 작품이다.

* 아리스토텔레스의 『시학』에 등장하는 개념으로, 등장인물이 극 중에서 중요한 진실을 깨닫는 순간을 가리킨다. 이 순간은 종종 극적 반전(peripeteia)과 함께 나타나며, 고전 비극에서 핵심적인 서사 장치로 간주된다. 예를 들어 『오이디푸스 왕』에서 주인공이 자신의 정체를 깨닫는 장면이 대표적인 아나그노리시스의 예다.

반전의 순간에 자리한다. 내가 이 문학적 패러다임을 반복해서 호출하는 까닭은, 문학이 본질적으로 불안정한 서사 속의 앎, 요컨대 제한된 관점들 속에서 여러 주관성이 어떻게 충돌하고 어우러지는지를 독특하게 보여 주는 장르라고 여기기 때문이다. 그런데 나의 이런 집착은, 지금껏 내가 대체로 팔레스타인에 관해 글을 써 왔다는 사실과도 무관하지 않다.

한 가지 이야기를 들어 자세히 설명해 보겠다. 옛날에 어떤 왕이 다스리던 도시에 파괴적인 전염병이 창궐했다. 이때 왕은 두 가지 예언을 들었다. 첫 번째 예언이 말하길, 이 역병은 먼젓번 국왕이 살해당한 업보라고 한다. 선왕을 살해한 암살자를 여전히 잡지 못했기 때문이다. 그리하여 예언자가 왕에게 두 번째 예언을 고하길, 당신이 찾는 범인은 바로 당신 자신이라고 수수께끼 같은 말을 남긴다. 그러자 왕의 아내이자 선왕의 배우자이기도 했던 왕비는 자신이 들은 예언을 읊는다. 첫 번째 남편이 그 자신의 아들에게 살해당하리라는 예언 말이다. 그 예언은 실현되지 않았다, 왕은 갈림길에서 만난 강도떼에게 살해당했으니까. 이 말을 들은 우리의 왕은 혼란스러워진다. 그는 자신이 오래전에 들은 또 하나의 예언 — 언젠가는 그가 아버지를 죽이고 어머니와 결혼하게 되리라는 예언을 떠올린다.

물론, 이 왕은 오이디푸스이고, 이야기 속 도시는 테베이며, 그의 아내는 이오카스테다. 살해당한 선왕은 라이오스로, 알고 보니 그가 오이디푸스의 아버지였다. 이와 같은 사건의 순서는 소포클레스의 극본을 따른 것인데, 그의 연극은 기원전 429년에 처음 상연되었다고 추정된다. 이미 잘 알려진 신화에 근거한 이 연극은, 아리스토텔레스가 『시학』에서 시도한 비극 분석의 핵심을 이룬다. 오늘날 이 연극은 지그문트 프로이트가 제시한 가족 내의 로맨스와 문명의 기원에 관한 이론의 근거로 더 유명하다. 이를테면 그리스 비극은 서구의 문화적 전통에서 매우 특별한 자리를 차지하는데, 이 점은 아리스토텔레스에게 그러했듯이, 프로이트에게도 마찬가지였다. 프로이트의 말을 빌리자면, 그리스 비극이란 바로 "오이디푸스 콤플렉스로 귀결되는 종교와 도덕, 사회, 예술"이 표출되는 지점이다.

이 이야기에서 양치기가 등장하는 순간은 특히 흥

미롭다. 양치기는 증인이자, 왕에게 진실을 전하러 오는 사람이다. 그는 왕에게, 오래전 자신이 한 아기를 전령에게 넘겨주었다고, 그때 그 아이가 장차 아버지를 죽이게 될 예언을 타고났으니 산비탈에 내다 버리라는 명령도 함께 전했다고 말한다. 이어, 양치기는 전령이 자신의 말을 따르지 않고 아기를 코린토스의 여왕에게 데려다주었다고 털어놓는다. 그 아기가 라이오스의 아이였으니, 결국 오이디푸스가 그토록 찾아 헤매던 범인은 바로 자신이었다. 그를 길러 준 부부, 코린토스의 왕과 왕비는 그의 진짜 부모가 아니었다. 갑자기 연극의 앞부분에서 언급된 다양한 예언이 서로 얽히고설킨 관계를 드러내며 진실이 튀어나온다. 오이디푸스는 실제로 자신의 아버지를 죽이고 어머니와 결혼한 것이다. 이때가 바로 인지의 순간이다.

아리스토텔레스는 아나그노리시스를, 무지에서 지식으로의 이행이라고 설명한다. 등장인물이 스스로 처한 상황의 진실, 혹은 자신이나 다른 사람의 진정한 정체를 인지할 때, 텍스트라는 세상은 순간적으로 프로타고니스트(중심인물)에게나 관중에게 이해할 수 있는 대상이 된다. 다스베이더가 루크 스카이워커에게 "내가 네 아버지다."라고 말하는 순간이 아나그노리시스다. 홀리 마틴스가 열어젖힌 관 속에서 오슨 웰스가 아닌 제3의 사나이의 얼굴을 보게 되는 순간이 아나그노리시스다.* 수수께끼가 밝혀진다. 이제껏 안다고 생각했던 모든 것이 뒤집히지만, 진상을 이해하게 되는 것이다.

다른 이야기도 있다. 겨우 엿새 동안 이어진 전쟁이 일어난다. 20년 전에 잃은 영토를 되찾기는커녕, 적에게 더 많은 영토를 빼앗기고 만다. 20년째 피란민으로 지내온 한 부부가 있다. 이들은 전쟁으로 인해 국경이 사라진 그 순간을, 지난날에 잃어버린 해안가 고향을 방문할 기회로 삼는다. 불안하게 침묵을 지키며 북쪽으로 차를 몰아간다. 기대와 달리 승리가 아닌 패배의 날개에 실린 귀환이다. 이들은 집만을 두고 떠나온 게 아니었다. 비극적 상황에 떠밀려 아기도 한 명 두고 왔다. 난민들이 잔뜩 밀려들어서 아기를 되찾으러 길 수가 없었다. 20년이 지

---

* 영화 「제3의 사나이(The Third Man)」(1949)에서, 친구의 죽음을 조사하던 주인공 홀리 마틴스는 사실 친구가 살아 있으며, 어둠 속에서 벌어진 음모의 중심에 있다는 사실을 깨닫는다.

난 뒤에야 다시 찾아간 옛집에는 이제 다른 여자가 살고 있다. 부부는 그 여자와 함께 앉아 이야기를 나눈다. 여자는 곧 도착할 자신의 아들이 생물학적으로는 혈연관계가 아니라고, 처음 이 도시에 도착했을 때 입양한 아이라고 말한다. 아닌 게 아니라, 그 여자의 아들은 이 피란민 부부와 닮았다. 요컨대, 부부가 처음 도망쳤을 때 남겨 두고 온 아이가 바로 이 여자의 아들인 것이다. 여자의 얼굴은 두려움에 노랗게 질린다. 그녀는 부모를 결정하는 일을 아들에게 맡겨야 한다고 말한다. 아들은 적군의 군복을 입고 그 자리에 도착한다. 생물학적 부모를 만난 그는 즉시 둘을 부인하며 자신의 아버지는 11년 전에 시나이에서 돌아가신 분뿐이라고 주장한다.

가산 카나파니의 소설 『하이파로의 귀환』의 내용이다. 여기에서 등장인물 사이드와 사피야 부부는 둘째 아들 칼리드를 라말라에 남겨 둔 채 고향 하이파로 돌아왔다가, 과거에 잃어버린 맏이 칼둔이 유럽 출신 유대인 부부에게 입양되어 그들의 집에서 도브라는 이름으로 살고 있음을 알게 된다. 이 이야기에서 도브는 혈통의 중요성을 부정하지만, 곧 자기 말을 반박이라도 하듯이 사이드와 사피야를 매섭게 질책한다. 그는 두 사람에게 아기인 자신을 두고 떠나서는 안 됐다고, 아직 어린 자식을 되찾기 위해 무기를 들고 싸웠어야 했다고 말한다.

오이디푸스의 이야기처럼, 이 소설의 플롯 역시 비틀린 가족 상봉이라는 사건에 토대를 두고 있다. 그러나 여기에서 일어나는 인지는, 엄밀히 말해 혈연관계에 관한 것이 아니다. 그렇다고 낯선 사람이 다시 익숙한 사람으로 변화하는 과정, 혹은 이런 폭로에서 유래한, 그 모든 비극적 여파에 관한 것도 아니다. 오히려 이 이야기는 부인이라는 행위를 통해, 혈연관계를 인지하는 것만으로는 유대감을 회복하기가 어렵다는 점을 드러내 보인다. 프로타고니스트는 한순간 통찰력을 번뜩이며, 인간이란 피와 살로만 이루어진 존재가 아니라 하나의 대의명분이라고 설파한다. 결국 이 말은 개인적, 정치적 정체성이라는 유대감은 수동적으로 상속되는 것이 아니라 의도와 의지를 가지고 새겨지는 것임을 시사한다. 장면은 전환점을 맞는다. 다시 집으로 돌아온 아버지는 잃어버린 맏이에게 집착하느라 라말라에 있는 다른 아들, 둘째 아들에 대한 시야가 흐려졌음을 깨닫는다. 아버지는 둘째 아들이 피다인*에 합류하지 못하도록 막아서지만, 불현듯이 그는 둘째 아들의 투쟁하고자 하는 욕망이, 나크바**의 유령에 집착하는 과거 지향적 자신의 관점과 상반되는, 미래 지향적 시선의 표현임을 선명하게 인지한다. 칼리드는 팔레스타인의 과거가 아니라 미래를 바라본다. 그렇게 맏이를 받아들이는 데 실패한 사건은, 둘째 아들을 제대로 인지하는 길로 이어진다.

물론, 인지 장면은 해피엔딩으로 마무리되는 희극에도 자주 등장하는데, 이런 경우엔 흔히 정체를 드러내는 신체적 특징이 인지를 촉발한다. 흉터를 보고 오디세우스를 알아보는 유모가 그런 사례 중 하나다. 셰익스피어의 작품에서부터 『진지함의 중요성』***을 비롯한

---

* 피다인(fida'iyeen, فدائي). 팔레스타인 무장 해방 운동에 참여한 게릴라 전투원들을 가리키는 아랍어로, '자신을 희생하는 사람'이라는 뜻이다. 특히 1960~1970년대 팔레스타인 해방 기구 산하 조직에 소속된 인물들을 가리키며, 팔레스타인 문학과 정치 담론에서 해방의 상징적 존재로 자주 등장한다.

** 나크바(Nakba, النكبة)는 아랍어로 '재앙' 또는 '참사'를 뜻하는 말로, 보통 1948년 이스라엘 건국 시기에 수많은 팔레스타인인들이 강제로 쫓겨난 사건을 가리킨다.

*** 오스카 와일드의 희곡으로, 원제는 *The Importance of Being*

19세기 풍속 희극(comedies of manners)에 이르는 희극 전통에서 플롯은 오인된 정체성에 근거하고 있으며, 마침내 클라이맥스 장면에서 뒤엉킨 서사의 실타래가 풀리고 이야기도 결말에 이른다. 이때 인지란, 문자 그대로 누가 누구인가에 관한 인지다. 낯선 이라고 생각했던 사람이 사실은 가족이었다든가 하는 식이다. 이런 인지 서사는 지나치게 익숙한 형태로 나타나기도 한다. 가령 등장인물이 가면을 벗는다거나, 사실은 모든 일이 꿈이었다거나 하는 경우 말이다. 이렇듯 도식적인 인지 패러다임은 진부한 클리셰로 느껴질 뿐, 그 어떤 진실한 의미도 전하지 못한다. 『하이파로의 귀환』에서, 카나파니는 바로 이 같은 위험을 암시한다. 캐런 E. 라일리의 번역을 보자.

---

*Earnest*이다. 'Earnest'라는 단어가 '진지함'이라는 뜻인 동시에 사람 이름으로 쓰일 수 있다는 점을 활용한 말장난이다. 극의 주요 갈등은 '어니스트'라는 가명(假名)을 사용하는 인물들이 진실을 감추는 상황에서 비롯되며, 마지막에 이들이 실제로도 어니스트(진지한/그 이름을 가진 자)였다는 사실이 드러나면서, 진지함의 가치와 정체성의 아이러니를 동시에 풍자한다.

몇 분이 천천히 흘러갔다. 그동안 모든 것이 꼼짝없이 남아 있었다. 그런 뒤에는 젊은 남자가 천천히 어슬렁거리기 시작했다. 방 한가운데로 세 발짝, 문으로 세 발짝, 다시 방 한가운데로 세 발짝. 그는 모자를 탁자에 올려놓았다. 공작 깃털로 가득 찬 나무 화병 옆에 있으니 그 모자가 부적절하게, 거의 우스꽝스럽게 보였다. 미리 세세히 준비한 연극을 보는 듯한 낯선 감각이 사이드를 덮쳐 왔다. 작위적인 플롯의 하찮은 싸구려 신파극이 생각났다.

이 동작 덕분에 카나파니의 플롯은, 고전적인 인지 장면이 환기하는 질리도록 익숙한 느낌을 비껴간다. 카나파니는 주인공에게 이런 생각을 부여함으로써 문학적 장치의 역사를 인정하되, 우리가 의심할 법한 의혹을 미리 차단한다. 독자의 불신에 대항하는 일종의 예방책이다. 그 덕분에 전환이 일어나며, 훤히 예상되던 인지 장면은 인지하지 못함, 오발, 실패의 장면으로 이어질 가능성마저 얻는다.

희극적 서사에서는 재회와 귀환의 정서 속에서 모

든 갈등이 해소되고 이야기 역시 완전히 매듭지어지지만, 내가 관심을 가지는 소설들은 설령 결말에 이르더라도 자신이 제기한 질문에 명확한 답을 주지 않는다. 소설에서나 삶에서 그렇듯이 비극에서는 운명, 상황, 우연이 인류와 불균형한 거래를 한다. 우리가 신이라고 부를 만한 존재들은 고집스럽고 이해하기 어려우며 불공정하다. 적어도 가엾은 오이디푸스에게는 확실히 불공정했다. 이오카스테가 어머니라는 사실을 오이디푸스가 어떻게 알았겠는가? 그와 동시에 소포클레스의 『오이디푸스 왕』 플롯을 생각해 보면, 목격자인 양치기가 증언하러 오기 전에 왜 오이디푸스가 미리 퍼즐 조각을 맞춰보지 않았는지, 그 이유가 궁금해진다. 터런스 케이브와 피에로 보이타니는 인지, 독자, 독해를 뜻하는 고대 그리스의 용어 — 아나그노리시스, 아나그노스테스, 아나그노시스 — 가 음운학적으로나 개념적으로 밀접하게 연관되어 있다고 지적한다. 아마 오이니푸스는 상황을 세내로 독해하고, 자신의 눈을 믿기 위해 일종의 "신뢰할 만한" 목격자 증언을 필요로 했던 것 같다.

    스페인 작가 하비에르 마리아스의 소설 『새하얀 마

음(Corazón tan blanco)』은 "굳이 알고 싶지 않았지만 결국 알게 되었다."라는 말로 시작한다. "알고 싶지 않았지만"이라는 말에는 이미 안다는 뜻이 내포되어 있다. 이런 반전은 의식적으로 마주하진 않았지만 이미 축적되어 온 지식에 의해 작동한다. 그래서 깨달음(recognition)은 재-인지(re-cognition), 즉 ana-gnorisis인 것이다. 마리아스는 어느 인터뷰에서, 소설이 누군가에게는 "지식을 전달하는 수단"이지만 자신에게는 "안다는 사실조차 몰랐던 것들에 대한 깨달음을 전달하는 방식에 가깝다."라고 말했다. 소설은 "'맞아, 이거야!'라고 말하게 한다. 불편하지만 진실하게 느껴진다."라고 말이다. 이렇듯 무언가를 깨닫는다는 것은, 어떤 차원에선 처음부터 알고 있었지만 알고 싶지 않았던 무언가를 명징하게 인식하는 것이다.

팔레스타인 사람들은 현실에서 일어나는 인지 장면에, 겉으론 눈먼 듯하다가 갑자기 찾아오는 아찔한 깨달음의 순간에 익숙하다. 팔레스타인 사람은 누군가가, 낯선 이가 돌연 알고 싶지 않았던 것을 깨닫게 되는 순간을 자주 목격하기 때문이다. 몇 달 전에, 나는 여러 나라의 작가들과 함께 팔레스타인 문학제에 참여하고자 그

땅을 찾았다. 팔레스타인 문학제는 교육적 성격이 짙은 순회형 행사다. 저녁 시간은 낭독과 패널 토론에 할애되지만, 낮 시간은 방문 작가들을 위한 투어와 담화로 가득하다. 여기에 참석한 작가 중 몇 명이 비극에 가까운 각성을 경험했다. "나는 다시 젊은 시절의 순진한 눈으로 세상을 보지 못할 것이다."라거나 "나는 돌아오지 못할 강을 건너고 말았다." 같은 말을 했다. 정치적 문제에 거리를 두는 작가들도 아니었는데 말이다. 그들은 뭔가를 배우겠다는 열망을 품고 팔레스타인에 온 사람들이었다. 그들은 헤브론을 방문했고, 그곳을 순찰하는 이스라엘 군인과 그들의 보호를 받는 정착민을 보았다. 폐허가 된 알리드를 방문했고 검문소를 돌아보았다. 서안 지구의 경계를 드나들며 예루살렘 전체를 여행했다. 그들은 살인과 감금과 야간 습격에 관한 통계에 귀 기울였고, 조심스레 질문을 던졌다. 그들은 이 경험을 통해 정말 변화한 것 같았다. 그들의 마음이 움직이는 모습을 보자 나의 마음도 움직였다. 그와 동시에, 나는 일종의 절망적인 기시감 역시 느낄 수밖에 없었다. 그러한 인지 장면에 이제는 너무 익숙해져 버렸기 때문이다.

우리는 전 세계에서 기초적인 민주주의적 가치가 부식되고, 심지어 어느 곳에서는 그 가치가 거의 완전히 사라진 상황을 목도하고 있다. 나는 이러한 순간을 지켜보며 어떤 의지가 파편화되었음을 느낀다. 이전 세기에 있었던, 진보와 반식민주의라는 거창한 해방의 꿈이 조각난 듯 보이는 것이다. 어떤 사람들은 이런 조각들로 무언가를 만들려고 시도한다. 여기저기서 언어를 가져와, 우리가 움직임을 멈추지 않도록 그 꿈을 살려 놓으려 한다. 팔레스타인의 대의명분이 띠는, 역사적으로 국제적인 중요성은 20세기 중반엔 범아랍의 문제였고, 나중에는 국제주의적 좌파의 문제가 되었다. 그러나 이 같은 상황이 변화하고 있다. 아랍 국가들이 점차 이스라엘을 정상적인 존재로 받아들이기 시작했다는 점은, 이 지역에서 팔레스타인이 총체적으로 버림받았음을 보여 주는 징후다. 팔레스타인 문제는 종종 반유대주의 프레임에 갇힌 채 제기되므로, 영국의 정치 담론을 분열시켰다. 미국에서는 민주당 주류에 해당하는 점점 더 많은 사람들이 팔레스타인의 대의에 공개적으로 지지와 연대를 표명하고 이스라엘의 통치 체제를 비판하고 있음에도, 팔레스타인의 권리를 지지하는 발언을 하면 강력하게 처벌받는다. 최근까지 팔레스타인은 미국이 거듭 중재한 평화 협상의 실패라는 수렁에 빠져, 그야말로 외교적 시야에서 사라지다시피 했다. 그러는 사이, 우파와 신자유주의 세력에 의해 진보 좌파가 전 세계적으로 점차 밀려나고 있음에도, 팔레스타인 문제는 여전히 좌파 주류의 관심을 끌고 있다. 또한 자금 더 많은 사람들이 이스라엘 정착민이 행하는 식민주의와 민족 말살의 현실, 시오니즘 이데올로기가 지닌 민족 중심적이고 팽창주의적 성격, 그리고 이 갈등이 동등한 두 진영의 싸움이라는 악의적인 허구를 인식하게 되었음은 사실이다. 그러나 개인적인 인지의 순간은 "겉으로 보이는 게 전부가 아니야. 이건 너무 복잡한 문제라서 이해할 수 없어. 그냥 외면해."라고 선동하는 정치 제도의 힘에 반복적으로 짓눌리고 있다.

2022년은 서안 지구 팔레스타인 사람들에게 2005년 이후로 가장 치명적인 해였다. 2023년이 시작된 뒤로 이스라엘군은 지금까지 233명의 팔레스타인 사람을 죽였고, 140가구(약 800명)를 노숙자로 만들었다. 그뿐만 아니라, 이스라엘 정착민들은 팔레스타인 주민과 그들의 재산을 상대로 최소 315번의 공격을 자행했다. 현재 이스라엘의 감옥에는 5200명의 팔레스타인 사람이 억류되어 있고, 그중 1200명은 적법한 기소 없이 행정 명령으로 구금된 채 고문과 모욕을 당하고 있다. 예컨대 카데르 아드난은 평생에 걸쳐 열세 번 체포되었고, 행정 구금으로 8년의 세월을 보내는 동안 단 한 차례도 정식 재판을 받지 못했다. 그는 3개월 동안 이어진 다섯 번째 단식 투쟁 끝에 사망했다. 우리는 가자의 팔레스타인 사람들을 겨냥한, 이른바 자살 드론을 본다. 서안 지구의 마을에 폭탄을 투하하는 헬리콥터를 목격한다. 지난 20년간 볼 수 없었던 장면이다. 이스라엘 정착민은 군의 보호를 받으며 대학살을 저지르고, 이스라엘 정부는 노골적으로 인종 차별주의와 파시즘을 선언한다. 이런 일은 전혀 새롭지 않지만, 이제야 서구의 귀에도 가닿고 있다. 정말로 가면이 벗겨진 것이다.

나는 언젠가 팔레스타인의 활동가이자 BDS 운동*

---

* BDS는 불매(Boycott), 투자 철회(Divestment), 제재(Sanctions)의 약자다. BDS 운동은, 2005년에 팔레스타인 시민 사회가 시작한 국제적 캠

의 공동 창립자인 오마르 바르구티가 언급한 "무릎을 탁 치는 순간"에 대해 들은 적이 있다. 아마 지금쯤이면 여러분도 추측하겠지만, 그건 내가 보기에 인지 장면이라고 부를 만한 순간이었다. 이를테면, 바르구티는 이스라엘 사람들이 어떤 행위의 전환점에서 팔레스타인 사람 역시 그들 자신과 똑같은 인간임을 깨닫는 순간에 관해 이야기한다.

나는 바르구티가 말한 대로, "무릎을 탁 치는 순간"에 관한 이야기를 몇 가지 들었다. 그중 하나는 약 10년 전, 갈릴리에서 우연히 만난 젊은 이스라엘 남자가 내게 들려준 것이다. 나는 팔레스타인 친구와 이스라엘 사람 한 명이랑 골란 고원을 여행하고 있었다. 이스라엘 사람은 우리를 그곳까지 태워다 주는 조건으로, 키부츠에 들러 자신이 푹 빠져 있는 여자를 설득해서 함께 데려가도 되겠느냐고 제안했다. 우리는 갈릴리에 있는 키부츠에서 몇 시간을 보냈고, 노력은 했으나 결과적으로 그 젊은 여성을 설득하지 못했다. 우리가 바닥에 앉아 식사하고 있

페인으로, 이스라엘이 팔레스타인 인권을 침해하는 데 대해 압력을 가하기 위한 비폭력 운동이다.

을 때, 턱수염을 기른 젊은 남자가 문 앞에 나타나더니 자신을 대니얼이라고 소개하며 내 옆에 앉았다. 대니얼에겐 무슨 일이 있는 것 같았다. 매우 불안해 보였다. 그는 끊임없이 내게 이렇게 물었다. "당신은 인간이 집단의 구성원으로서가 아니라 오직 순수한 개인으로서 행동할 수 있다고 생각합니까?" 나는 무슨 대답을 해야 할지 몰랐다. 그러자 다른 이들 모두가 집단 사고와 부족주의, 서구의 개인주의에 대해 떠들어 대기 시작했다. 대니얼은 동일한 질문을 단지 단어만 바꾸어서 두 차례 더 물었고, 마침내 내게 탈영한 상태라고 털어놓았다. 나는 대니얼의 이야기를 듣고, 또 그의 태도를 보고 그가 현재 은신하고 있음을 눈치챘다. 그는 이상하리만큼 겸손한 투로 자기가 가자의 울타리에 배치된, 그리고 병사 한 명만을 지휘하는 "작은" 대령이었다는 말로 운을 뗐다. 그가 받은 지시는 이랬다. 울타리로부터 일정 거리 안에 누군가가 들어오면 먼저 땅바닥에 한 발 경고 사격을 하고, 그럼에도 더 다가오면 땅바닥에 두 발 경고 사격을 하라. 끝끝내 계속 접근해 오면 다리를 쏴라. 대니얼은 부하와 함께 위수 지역에서 매일 기다렸지만 아무도 오지 않았다고 말했다. 그러던 어느 날, 멀리서 한 남자가 나타났고, 곧 다가왔다. 그는 울타리의 첫 경계선에 들어섰고, 작은 대령은 경고하기 위해 총알 한 발을 땅바닥에 쏘았다. 남자가 더 다가왔으므로 그는 땅바닥에 두 차례 경고 사격을 했다. 남자가 경고를 무시하고 더 다가왔을 때, 대니얼은 그가 완전히 벌거벗고 있으며 무언가를 내밀고 있음을 알아볼 수 있었다. 남자가 한결 가까워지자, 대니얼은 그가 들고 있는 것이 사진이며 사진 속에는 아이가 있음을 알아차렸다. 대니얼은 남자의 다리를 쏘는 대신에, 총을 내려놓고 도망쳤다.

오마르 바르구티는 군인 한 명의 에피파니*를 위해 얼마나 많은 팔레스타인 사람이 죽어야 하느냐고 묻는다.

그럼에도 수많은 팔레스타인 사람들은 다른 이들의 에피파니를 이끌어 내고자 적극적으로 목숨과 경력을 바쳐 왔다. 그러나 그들이 설득하려는 사람들은, 대개의 경우에 이스라엘 군인들이 아니다. 국가의 프로파간다와

---

* 갑작스럽고 심오한 깨달음의 순간을 의미하는 문학·철학 용어로, 이 개념은 뒤에서 다시 언급된다.

시온 지상주의 이데올로기에 문제를 제기하며 가용한 채널을 통해 "침묵을 깨려는" 극소수의 사람들을 제외하면, 군인들은 그저 프로파간다와 이데올로기를 재생산할 뿐이다. 사실, 군인들은 프로파간다와 이데올로기의 핵심적 요소다. 이스라엘이 정부에 대한 반대 의견을 처벌하는 군사화된 사회임을 고려할 때, 대화를 주된 수단으로 삼아 유대인으로 하여금 팔레스타인 사람을 인간으로 보게 한다는 생각은 터무니없다. 이러한 설득의 진정한 대상은 오히려 무심한 구경꾼, 외국인, 스스로가 이미 역사적, 정치적, 경제적으로 타인의 삶에 깊이 연루되어 있음을 아직 깨닫지 못한 사람들이다.

서구가 만들어 낸 유대 민족의 구원이라는 거대 서사의 늪에 빠져 '피해자의 피해자'가 되고 마는 팔레스타인 사람들의 이야기는 그동안 북반구 선진국의 청중에게 가닿기가 힘들었다. 사이드는 1984년의 유명한 에세이 「서술의 허가(Permission to Narrate)」에서 이런 현상을 강력히 비판했다. "사실은 절대 스스로 말하지 않는다. 사실에는 그 사실을 지탱하고 유포할, 사회적으로 받아들여지는 서사가 있어야 하며, 그러한 서사에는 시작과 끝이 있어야 한다. 팔레스타인의 경우, 그 서사는 1948년 이후로 지속된 추방 상태를 해결할 고국(homeland)을 중심으로 구성된다. (중략) 고국이 수반되는 서사를 수용하는 일은 (중략) 정치적인 차원에서는 물론이거니와 상상과 이데올로기의 차원에서도 격렬한 저항에 부딪힌다."

팔레스타인의 투쟁 이야기는 언제나 국제적이었다. 팔레스타인 사람들이 하나의 민족으로서 존재한다는 사실이 부정되고, 그들에게 "비유대인"이라는 완곡어법의 딱지가 붙었을 때조차 그랬다. 공식적으로 이 용어는 1919년 영국이, 팔레스타인에 유대인들이 고국을 세울 수 있도록 돕겠다고 선언한 밸푸어 선언에서 처음 등장했다. 결국 유럽의 제국주의에서 탄생한 이스라엘이라는 나라 ─ 아랍인으로 구성된 팔레스타인 사람들보다 인구도 적은 유대인의 민주주의 국가 ─ 는 여타 유럽의 식민지 정착 프로젝트와 틀을 같이한다. 그렇게 이스라엘은 유럽의 인종 차별주의와 반유대주의 역사로부터 동력을 얻어 정당화되었다. 팔레스타인 문제의 미래는 한 줌도 안 되는 국가의 정치와 역사에 달려 있는데,

그 나라들이란 대체로 미국과 영국, 프랑스와 독일을 의미한다. 한때는 팔레스타인의 목소리가 서구의 더 넓은 청중에게 다다르기도 했다. 하지만 그들은 이를 포괄적이고 다종다양한 역사, 즉 유럽의 인종 차별주의와 제국주의, 그러한 역사로부터 지금까지 이어지는 미국의 제국주의, 그리고 아이티와 알제리, 베트남 등 식민화된 민족의 자기 결정권을 위한 투쟁으로 보기보다는 서로 대립하는 두 서사의 전쟁으로 보았다.

아리스토텔레스는 비극이 시간을 응축한다고 말한다. 보통 우리는 현실에서 갑작스러운 인지의 순간을 경험하지 않는다. 대개 점진적으로 학습하고 성장하며, 변화하거나 아예 변화하지 않는다. 어쩌면 나는 현실에서 일어나는 인지의 극적인 성격에 유독 익숙한 편인지도 모른다. 그런 일이 일어나는 순간을 너무 자주 보고 들었기 때문이다. 나는 무지에서 앎으로 빠르게 이행할 수 있는 인간의 가능성에 아직 일말의 믿음을 간직하고 있지만, 인간의 정치적 가능성을 믿는 데는 점점 주저하게 된다. 지금 우리는 새로운 영역에 들어서 있다. 자유를 위한 팔레스타인의 투쟁은, 20세기에 독립으로 마무리된 수많은 반식민주의 해방 운동의 서사적 형태가 사라진 뒤에도 지속되고 있다. 이런 상황에선, 서사 자체에 힘이 있다는 오래된 믿음을 고수하기가 점차 어려워진다.

    대학원에 다닐 때, 나는 대니얼과 만났던 경험에서 영감을 얻어 단편 소설을 쓰려고 노력했다. 그 이야기는 팔레스타인 사람과 이스라엘 사람이 함께 골란 고원으로 향하는 여정을 그린다. 팔레스타인 사람은 서안 지구의 주민이고, 지난 1948년에 잃은 영토를 드나들 수 있는 허가증은 자정에 만료될 예정이다. 둘의 여행은 눈보라로 방해받는다. 급기야 여행 도중에 만난 소녀 때문에 기분이 상한 이스라엘 사람은, 탈것도 없는 팔레스타인 사람을 혼자 서안 지구로 돌아가게끔 내버려둔 채 떠난다. 이야기 속 둘의 여정은 서로에게 인지의 순간에 관해 들려주는 사람들로 가득 차 있다. 나는 이 이야기를 워크숍에 제출했는데, 선생님의 응답은 이랬다. "이 작품은 대단히 순환적이에요. 감탄할 만한 부분도 있지만 근본적으로는 억압된 이야기군요. 누군가가 발언할 때마다 클라이맥스가 약해집니다." 선생님은, 키부츠의 어린 소녀가 털에 묻은 눈을 털어 내려고 몸을 흔드는 커다란 검둥개의 모습을 보고 비명을 지르는 장면도 지적했다. 선생님은 여백에 이렇게 적었다. "이게 당신이군요!" 나는 억압의 상징으로서 그 검둥개를 언급한 게 아니었으므로 이렇게 대답하고 싶었다. "이건 제가 살면서 본 이미지를 무작위적으로 집어넣은 거예요. 그냥 그 이미지가 머릿속에 박혀 버려서 써넣었을 뿐이라고요!" 몸을 터는 커다란 개와 놀라서 비명을 지르는 소녀, 하지만 당연히 나는 그렇게 대꾸하지 않았다. 문예 창작 워크숍에서 뭔가 미적으로 통하지 않았을 때 "그런데 정말로 있었던 일인걸요!"라고 항의하는 것은 그야말로 가장 설득력 없는 변명이기 때문이다. 또한 나는 작가들이 언제나 작품을 의식적으로 통제하지 않으며, 선생님의 말이 틀렸다고 장담할 수 없다는 점 역시 알고 있었다.

어쩌면 이 이야기의 실패는, 내가 정치적 맥락에서 느끼는 비관주의와 슬픔뿐 아니라 패러다임의 진부함과 씨름하고 있었음을 보여 주는 신호인지도 모른다. 아마 그 두 가지는 서로 연결되어 있을 터다. 나는 여전히 효과적이고 진정성 있는 인지 장면을 어떻게 쓸 수 있을지, 고민하고 있다. 팔레스타인의 투쟁은 지금껏 너무 오랫동안 이어져 왔기에, 인지 장면을 근본적인 변화가 일어나는 현장이나 전환점으로 삼는 데에 쉽게 환멸을 느끼곤 한다.

나는 바로 여기에서, 앞서 언급한 에피파니라는 개념을 도입하고 싶다. 에피파니는 갑작스러움과 앎의 관계성 때문에 깨달음과 비슷한 개념으로 보인다. 일상 용어로 얘기하자면, 에피파니는 유레카의 순간이다. 그런데 문학에서 우리는 에피파니라는 개념을 장편 소설보다 단편 소설이라는 형식, 특히 제임스 조이스와 주로 연관 짓는다. 조이스의 단편 소설에서 에피파니의 순간은, 대체로 이해가 이루어지는 순간이라기보다 관점의 변화가 일어나는 순간이다. 이를테면 부분적인 전환인 셈이다. 에피파니는 이따금 지식 자체가 불안정하다는 점을 폭로하기도 한다. 어떤 의미가 드러나면서 결말을 촉발하기도 하지만, 그것이 언제나 마무리로 이어지지는 않는다. 에피파니라는 단어 자체는 코이네 그리스어의 $ἐπιφάνεια$(epipháneia)에서 온 것으로, 출현이나 등장을 의미하며, 그 어원은 '나타나다'를 뜻하는 동사 $φαίνειν$(phainein)이다. 이 단어는 보통 고대 그리스의 문맥 중 세 가지 상황에서 쓰였다. 첫 번째는 새벽이 밝아 올 때, 두 번째는 적군이 등장할 때, 세 번째는 신이 나타날 때였다. 가톨릭 태생인 제임스 조이스가 성경에서 쓰이던 신학적 성격을 걷어 내고 전복적으로 활용한 것은 당연히 세 번째 용법이다. 그러나 내게 흥미로운 것은 앞의 두 가지 용법, 즉 새벽과 적군의 등장이다. 이 둘은 위협과 빛이 드러남을 보여 주는 동시에, 그것들이 지평선 너머에서, 우리의 주관성이 허락하는 시야 바깥에서 나타남을 암시하기 때문이다.

당시에 이런 생각을 했더라면 내 단편 소설은 조금 더 성공적이지 않았을까.

이스라엘 군인의 에피파니에 관한 바르구티의 사례와 내가 제시한 사례의 공통적인 문제점은, 팔레스타인 사람의 인간성을 인지하고 중심의 붕괴를 경험하는 인물로서 비팔레스타인 사람을 이야기의 핵심에 두었다는 것이다. 가자의 울타리 앞에 선 그 남자는 옷을 벗고 "벌거벗은 나를 보시오, 나는 인간입니다."라고 말하듯 걸어왔다, 이스라엘의 미사일 공격으로 살해당했으리라고 어렵지 않게 추측할 수 있는 자식의 사진을 들고서. 그는 인간성을 드러내기 위해 그토록 처절하게 목숨까지 걸었다. 하지만 정작 그가 나타난 곳은 작은 대령, 비팔레스타인인의 지평이었다. 이야기를 늘 이런 방식으로 전해야 하는 것은 아니다. 아나그노리시스와 무관한 형태의 이야기도 있다. 가령 숨을 곳이라고는 없는 하늘 아래로 떨어지는 폭탄에 집이 파괴되고, 사랑하는 사람이나 자신의 목숨을 잃을지도 모른다는 지속적인 두려움 속에서 살아가는, 익숙하고 반복적인 비극 말이다. 그런데 이번에도 서구인을 교육하고 계몽해 줄 인간적 이야기를 전하여 그들을 회개의 길로 이끌 부담은 여전히 팔레스타인 사람의 몫이다. 그런 서사 이후에 서구인은 영웅까진 아니더라도 일종의 데우스 엑스 마키나*가 되어 무대에 내려설 수 있다. 사람들을 설득하고 싶다는 절박한

---

* 본래 고대 그리스 연극에서 기계 장치를 이용해 신(神)이 무대 위로 내려와 사건을 인위적으로 해결하던 장면에서 유래한 표현이다. 오늘날에는 흔히 이야기의 긴장을 무리하게 해소하는 외부적 개입이나 미현실적 해결책을 지칭한다. 이 문맥에서는 서구인이 문제 해결의 주체로 뒤늦게 등장하는 구조적 서사를 풍자하는 의미로 사용되고 있으며, 특히 팔레스타인인의 고통을 통해 도덕적 각성을 한 서구인이 '무대 장치'처럼 행동하고 있음을 지적하고 있다.

욕구와 그들이 너무 뒤늦게 깨닫는다는 사실로 인한 싫증 사이에서 — 사람들이 마침내 에피파니를 경험하고 자기 나름의 아파르트헤이트 보고서를 공표하며 도취하는 고양된 감정에 씁쓸함을 느끼면서도, 그들의 인지가 구체적인 행동으로 이어졌다는 사실에 믿을 수 없을 만큼 고마워하는 것 — 교착되기는 쉽다.

나는 이 문제를 바라보는 다른 틀이 있다고 생각한다. 그 틀이란 '누가 주인공이고 누가 피해자인가'라는 문제에 덜 집중하는 것으로, 야스민 엘리패의 뛰어난 작품 『반경(Radius)』에서 내가 끌어낸 방법이다. 이 책은 2011년, 이집트 혁명 막바지에 타히르 광장에서 여성들을 성폭행으로부터 보호하고자 했던 전투적 페미니스트 집단을 다룬다. 엘리패는 여성 혐오나 가부장제의 폭력에 관해 남자들을 교육하거나 그들에게 호소할 때 여성들이 겪는, 나와 비슷한 문제에 대해 숙고한다. 그녀는 이렇게 질문한다. "남자들에게 말을 거는 일의 효율성을 고민하기보다, 우리가 서로에게 말을 걸 때 생겨나는 부산물을 통해 그들의 의식에 침투한다고는 생각할 수 없을까? 우리 자신의 네트워크에, 함께 생각하고 저항하고 서로를 지지하며 공개적으로 실천하는 일에 더욱 집중할 수는 없을까?" 팔레스타인에 관해 영어로 글을 쓰면서, 나는 종종 나의 목적이 "서구인"을 교육하는 것인지 <u>스스로에게</u> 질문을 던진다. 나는 이 질문의 함의가 언제나 환원주의적이고 품위 없다고 느낀다. 그러나 우리끼리 솔직히 이야기함으로써 다른 사람들의 의식에 침투할 수 있다는 이 생각은 마음에 든다.

나는 이 경험 — 우울한 단편 소설을 써냈던 그 에피소드로부터 매우 기본적인 또 하나의 교훈을 얻었다. 문학은 삶이 아니므로, 우리가 세상에서 끌어오는 소재를 책장 위에서 기능하게 하려면, 심지어 존재라도 하게 하려면 반드시 어떤 변형을 거쳐야 한다는 사실이다.

* * *

수많은 첫 소설은 위장한 자서전이다. 나의 첫 소설은 위장한 전기(傳記)였지만, 나는 그 사실을 빈틈없이 감추려고 굳이 애쓰지 않았다. 그 소설은 나의 증조부인 미다트 카말의 인생을 추적한 것이다. 미다트는 오스만 제국 치하의 광역 시리아에 속한, 팔레스타인의 나블루스에서 태어났다. 그는 젊은 시절에 프랑스 남부로 유학을 떠났다가, 영국의 위임 통치가 시작된 무렵에 나블루스로 돌아왔다.

런던에서 보낸 어린 시절 내내, 우리 집 주방 찬장에는 그의 사진이 붙어 있었다. 우리 친척들 사이에서 여러 번 복제된 사진이다. 마치 모두가 그 사진을 복제해서 거실에 붙여 놓은 것 같았다. 원본은 나도 본 적이 없다.

아버지와 아버지의 형제들은 언제나 미다트를 다정하게 회상했다. 미다트는 친절하고 온화했으며, 그야말로 웃긴 사람이기도 했다. 프랑스에 관한 모든 것을 사랑했기에 그 지역에서는 "파리지앵"이나 알바리시*로 통했다. 미다트는 은행이 아니라 방크에 갔고, 양말은 언제나 무슈와르**와 색깔을 맞춰 신었다. 목욕을 하고 나면, 그는 나의 고모에게 콜로뉴를 등에 발라 달라고 했다. 프랑스 보호령이 된 이후의 레바논에서는 이런 허세가 흔했을지 모르지만, 나블루스에서는 아니었다. 내가 듣기

---

* 파리지앵의 아랍어식 표기.
** banque는 은행, mouchoir는 손수건을 뜻하는 프랑스어다.

로, 미다트의 프랑스 애호나 그의 연애 사건은 디아스포라 아이들이 흔히 접하는 서사 — 추방, 전쟁, 억압의 이야기 — 와는 전혀 달랐다. 내가 상상해 낸 미다트의 모습은 그 사진에서 비롯되었다. 파리를, 아마 불로뉴 숲을 산책하러 나온 남자. 장갑 한 쌍을 들고, 세련된 모습으로 자신감 있는 표정을 짓고 있는 남자. 대학교를 떠나고 1년 뒤에, 나는 미다트의 삶을 바탕으로 소설을 쓰고자 했다. 부분적으로, 나는 이스라엘이 성립하기 전에 존재했던 팔레스타인 사람들의 삶에 관한 이야기를 하고 싶었다. 무엇보다도, 나는 미다트만큼이나 그 시기 팔레스타인의 삶 자체에 매료되었다.

나크바 이전의 팔레스타인에 관한 글을 잘 쓰려면 숱한 장애물을 맞닥뜨려야 한다. 가장 큰 장애물은 향수(鄕愁)다. 개인의 기억이 믿음직스럽지 않다는 사실은 이미 널리 알려져 있다. 그런데 향수가 한 민족 전체를 괴롭힐 때, 기억은 더욱 심하게 부식된다. 향수는 구체적인 것을 일반화하고 망각하게 한다. 팔레스타인 난민은 종종 무화과나무와 올리브나무, 어린 시절의 잃어버린 천국에 대해 이야기한다. 나이 든 사람들과 그들의 기억에 관해 인터뷰를 진행한 첫해 동안, 나는 그들 모두가 특정한 방과 물건, 그들이 잃어버린 특정한 사람들을 떠올리기보다 아무나 쉽게 접근할 수 있는 보편적인 이미지로 이야기의 방향을 돌리고 있지는 않은지 문득 궁금해졌다.

    결국 나는 안개 낀 듯 흐릿한 기억, 예컨대 문서화된 기록을 찾을 수 없거나 개인의 증언이 서로 모순될 때엔 얼마간 창의력을 발휘해도 된다고 생각하게 되었다. 지금부터는 스포일러가 될 만한 이야기를 할 테니, 여러분이 아직 내 첫 책을 읽지 않았고 만약 앞으로 읽을 계획이라면 부디 잊어버릴 준비를 하시길 바란다. 미다트는 이 소설의 뒷부분에서 일종의 정신적 붕괴를 경험하고 정신 병원에 머무르게 된다. 이건 실제 있었던 일이다. 그리고 내가 손본 사실은 다음과 같다. 실제로 그 병원은 베들레헴이 아니라 카이로에 있었다. 또 미다트가 "무너진" 까닭은, 실상 아버지가 자신의 상속권을 박탈했기 때문이지만, 나는 그가 프랑스 여자 친구에게서 온 편지를 아버지가 숨겼다는 사실을 알아채고 배신감에 사로잡히는 내용으로 바꾸었다. 그 편지로 인해 미다트는 프랑스에서 일어났던 일을 회고하고 새로이 이해하게 된다. 상속권 박탈과 편지 가로채기는 전부 그의 아버지가 저지른 진짜 배신에 근거를 두고 있지만, 나는 두 번째 기만을 중심으로 사실을 재구성했다. 그 이야기는 사실 관계상 정확하지는 않았지만, 내가 인지한 사태의 진실과 닿아 있었다. 미래에 대한 젊은 남자의 희망이 반복적으로 처참하게 — 단지 조건 때문만이 아니라, 바로 자신의 아버지에 의해 격추되는 것이 이 상황의 본질이었다. 아버지의 배신은 오이디푸스나 칼둔이 부모 탓에 겪어야 했던 버려짐으로서 체험된다. 근본적인 상처는 일단 깨닫고 나면, 정신과 사회적 세계의 모든 조화를 찢어 발기기거나 그 분열을 드러내 보인다. 이 같은 상처를 입으면, 사람은 과거와 현재의 현실을 둘 다 재평가할 수밖에 없다. 달리 말해, 이 소설은 폭로의 문학이었다. 이 이야기는 내가 나만의 아나그노리시스를 만들어 낼 수 있게끔 도와주었다. 당연하게도, 이 소설에서 아나그노리시스는 읽기 — 이 경우에는 편지 읽기 — 를 중심으로 일어난다.

    이상한 일이다. 이 사진은 어린 시절 내내 내 곁에

있었지만, 나는 정작 오랜 세월이 지나고 첫 번째 책을 어느 정도 쓴 뒤에야 그것을 제대로 보았다. 나의 지각이 이토록 둔할 수 있다는 사실을 좀체 믿기 어려웠지만, 누군가에게 전달받거나 어린 시절에 품었던 관념이나 생각은 감각이 제시하는 증거를 맞닥뜨릴 때조차 풀어 헤치기 힘들다는 점을 확인했다. 나는 문득 미다트가 불로뉴 숲을 걷고 있는 게 아님을 깨달았다. 그는 그림이 그려진 스크린 앞에 서 있었다. 이 사진은 1923년, 예루살렘의 사진관에서 촬영한 것이었다.

이 책을 쓰면서 나는 문학적 아나그노리시스란 속죄의 순간이 아니라, 한계나 오류와 마주치는 난처한 순간에 가장 진실하게 느껴진다는 사실을 깨닫게 되었다. 내 생각에, 우리가 소설에 기대할 수 있는 가장 큰 성취는 계시나 계몽이 아니라, 지식이 닿을 수 없는 한계를 노출하는 것이다. 스스로 무언가에 대한 오류를 깨닫는 과정은 자신에게 다가오는 세상의 타자성을 경험하는 것이라고, 나는 믿는다. 이럴 때 인간은 중심에서 밀려난다. 문학을 통해 이러한 과정이 제대로 이루어지면 독자는 깊은 만족감을 경험한다. 터런스 케이브는 자신의 저서에서, 비극적 반전을 열망하는 사람은 다름 아닌 독자 자신이라고 주장한다. 왜냐하면 문학엔 "우리를 놀라게 하고, 불쾌하게 하며, 다르게 언어를 사용했을 때는 범접할 수 없는 방법으로 우리의 인지를 바꿔 놓는" 능력이 있기 때문이다.

현대 문학 중 그러한 예시로는 데버라 리비의 소설 —『모든 것을 본 남자(The Man Who Saw Everything)』나 최근에 나온『8월의 푸른 빛(August Blue)』, 혹은『집으로 헤엄쳐 가다(Swimming Home)』— 을 들 수 있다. 이들 작품 속에는 반복되는 단어나 이미지라는 경첩에 매달린 모든 것들이 돌연 방향을 트는 순간이 있다. 바로 그때 뭔가가 찰칵 맞물리며 자물쇠가 돌아가고, 낯선 상징의 흔적이 갑자기 의미 있는 상호 관계를 드러내며 무대 장치가 작동하기 시작한다. 우리는 말의 의미를, 재규어와 곰, 침대 밑에 놓인 총의 의미를 이해하게 된다. 때로는 작품의 제목이 내포하고 있는 의미가 폭로되기도 한다. 엘레나 페란테의「나폴리 4부작(Neapolitan Quartet)」에서, 첫 번째 책의 제목에 등장하는 눈부신 친구가, 사실 릴라가 아니라 우리의 서술자 레누라는 점을 깨달을 때—이 문구가 텍스트에 직접 등장하는 건 릴라가 레누를 상상할 때뿐이다.—가 그러하다. 이것은 레누가 가진 지식의 단단한 모서리를 느끼게 하는 수많은 사례 중 하나다. 이렇듯 등장인물의 한계를 언뜻 들여다보는 순간에 독자는 강렬한 쾌감을 체험한다. 진실한 것에 대한 감각, '나'와 반대되는 것과 불투명한 타자에 대한 감각이 인지의 틈을 비집고 나오는 데에 따른 쾌감이다. 작가는 우리에게 이해의 벽에 부딪혔다는 느낌, 우리가 틀렸음을 자각하게 하는 짜릿한 기쁨을 선사한다.

앤 카슨도 자신의 에세이 「오직 전율을 위해: 아리스토텔레스의 『시학』에 아부하기」에서 이 같은 기쁨을 이해하는 난처한 순간을 대면한다. 그녀는 이렇게 쓴다.

> 하지만 우리가 자신의 오류를 인지하고, 영혼이 무대에 오른 배우처럼 스스로의 추론 과정을 돌이켜 보며 납치당하지 않으려고 아슬아슬하게 끼어드는 순간에 즐기는 이것은 정확히 무엇인가. 이 문제는, 시란 무엇인가에 관한 아리스토텔레스의 이해를 우리가 어떻게 받아들일 것이냐, 하는 근본적인 물음으로 이어

진다. 중국에는 "한 붓으로 동시에 두 단어를 쓸 수 없다."라는 속담이 있다. 그러나 아리스토텔레스적 미메시스는 바로 동시에 두 단어를 쓸 수 있는 붓이다. 거울 속에서 지식과 오류가 서로 악수하는 모습을 그려낼 수 있는 붓 말이다.

여기에서 카슨이 상상하는 이미지에 대해서는 할 말이 많다. 그녀는 영혼의 오류를 무대 위에 올리며, 납치라는 극적 폭력을 막는 행위이자 텍스트의 안팎에서 동시에 일어나는 목격의 행위로서 인지(깨달음)를 연출한다. 어쩐지 오류와 지식은 거울 속에서 악수하며, 심지어 어느 불가능한 순간엔 거울을 통과해 악수하기도 한다.

문학에서 즐겁고 아름다운 것이, 현실에선 이따금 두렵게 다가온다. 현실에서 중요한 변화가 일어나려면 반드시 집단적 인식의 전환이 필요하지만, 개개인의 차원에서는 그런 변화가 사람을 초라하게 하거나 존재론적 불안을 야기한다. 변화는 보통 투쟁 없이 일어나지 않는다. 모든 사람이 논쟁과 호소, 서사만으로 설득되어, 여태 가지고 있던 세계관을 버릴 수 있는 건 아니다. 매기 넬슨은 『잔인함의 예술(The Art of Cruelty)』에서 고통을 묘사함으로써 관객으로 하여금 무언가 행동하도록 유도하는 예술의 고고한 도덕주의를 비판한다. "강한 반응은 이해가 아니다. 이해하는 것과 행동하는 것 또한 다르다." 감정과 이해가 행동과 같지 않다는 말은 사실이다. 그러나 행동하려면 이해가 꼭 필요하다고 말할 수 있을것이다.

물론, 외교나 행정 행위 같은 정치적 담론에서의 인지(recognition)라는 단어에는 매우 형식적인 함의가 있다. 국가는 다른 국가나 정치적 존재의 주권, 정치적이거나 법적인 주장, 생명권, 권리를 가질 권리를 인지한다. 차이에 대한 문화적 인지는 정의로운 사회의 토대를 이룰 수 있지만, 경제적·정치적 재분배 없이 오직 문화적 차원에만 머무는 인지는 역사적 플롯을 배제한 언어적 행위에 불과하다. 이러한 경우에 언어는 담론과 의례라는 연기(smoke)와 거울로 물질적 보상을 대신하려 든다. 정착민 식민 사회가 원주민을 인지하는 일은, 캐나다가 그곳 원주민의 영토를 인지한 사례에서 확인할 수 있듯, 시작점이 될 수야 있겠으나 결코 종착점은 아니다. 팔레스타인의 경우에는, 1990년대에 PLO*와 이스라엘 사이에 오간 상호 인지에 관한 서한이 "평화 협상"이라는 잘못된 이름으로 불리며 이스라엘의 점령을 고착화했다. 그것이 바로 오슬로 협정이었고, 이때 PLO는 팔레스타인 민족의 합법적 대표로 인지되었다. 실제 국가가 없음에도, 국가성(statecraft)의 망토를 걸친 셈이었다.

이처럼 법적 언어에서든, 문학적 형태의 언어에서든 인지가 개인적 에피파니나 인지의 비판자들을 달래는 것 이상의 어떠한 가치를 지니려면 행동할 책임을 수반해야만 한다. 요컨대 인지의 순간이, 이야기의 종결이 아니라 전환점을 표시하도록 하는 데에는 엄청난 노력이 필요하다. 반드시 또 다른 행동이 뒤따라야 하는 것이다.

인간사에서 거대한 체제는 실제로 움직인다. 제국은 붕괴했다. 베를린 장벽도 무너졌고, 남아프리카 공화

---

* 팔레스타인 해방 기구. 1964년에 설립된 팔레스타인의 정치 조직으로, 팔레스타인 민족을 대표하는 유일한 합법적 기구로서 국제 사회의 인정을 받고 있다. 주요 목표는 팔레스타인 민족의 자결권 확보와 독립 국가 수립이며, 한때 무장 투쟁을 병행하기도 했으나 오늘날에는 협상 중심의 외교 기구로 전환되었다. 1993년, 오슬로 협정에서 이스라엘과 상호 인정에 합의하며 국제 정치 무대에서 중요한 전환점을 맞았다.

국의 정치적 아파르트헤이트도 사실상 종식되었다. 그러나 어떠한 경우에도 이 같은 잠정적 결말은 결코 끝이 아니었다. 그럼에도 불구하고 저러한 역사적 예시는 국제적, 지역적으로 조율된 행동의 압력에 의해 이스라엘의 아파르트헤이트 또한 끝날 것임을 증명한다. 문제는 언제, 어떻게 그런 일이 일어나느냐는 것이다. 우리는 지금 서사 속 어느 순간에 서 있는 것일까?

이스라엘은 거짓 정보, 광범위한 검열, 미국의 지원 따위를 등에 업고, 나라 잃은 팔레스타인 사람들을 상대로 무장 훈련을 실시하고 있다.(물가 상승을 고려하면, 미국은 지금까지 이스라엘에 2600억 달러에 달하는 금액을 대개 군사적 성격의 양자 원조와 미사일 방어 기금으로 제공했다.) 이처럼 군사적 초강대국이라는 안타고니스트를 상대하는 일은, 마치 믿을 수 없을 만큼 거대한 벽을 맨손으로 기어오르는 상황과 비슷하다. 팔레스타인 소설가 에밀 하비비가 비관낙관주의(pessoptimism)라고 이름 붙인, 날카로운 팔레스타인적 정신이 아니고서야 어떻게 이와 맞서겠는가? 그람시는 로맹 롤랑의 말을 빌려, 이 같은 정신을 조금 더 길게 "지성의 비관주의, 의지의 낙관주의"라고 설명했다. 개인 차원에서 일어나는 변화를 관찰하는 것과, 제도 혹은 정부 차원에서 일어나는 변화를 목격하는 것은 완전히 다른 일이다. 마찬가지로, 누구 하나를 설득해 개인의 마음을 바꾸는 것과 십난적 부정이라는 어마어마한 힘에 도전하는 것 역시 전혀 다른 문제다.

　이때 부정은 인지의 반대라고 할 수 있을 것이다. 그러나 부정조차 일종의 앎에 근거를 둔다. 부정이란, 아마도 두려움 때문에 파괴적인 지식으로부터 일부러 고개를 돌리는 행위이기 때문이다. 마침내 하이파로 돌아온 부모를 부정하는 칼둔/도브를 생각해 보라. 그리스도를 세 번 부정한 베드로를 생각해 보라. 기후 변화를 부정하는 이들을 생각해 보라. 인간의 노예화를 종식하는 일이 경제적으로나 정치적으로 실행 불가능한 일이라고 주장했던 19세기의 노예 상인과 경제학자를 생각해 보라. 그들이 선언한 믿음은, 오늘날 미국에서 일어나는 총기 관련 로비나 화석 연료 사용에 관한 각국 정부의 태도, 반인도주의적 범죄를 저지르고 있음에도 이스라엘의 점령군을 제재할 수 없다는 논리와 비슷하다. 우리는 아주 최근에 저러한 주장을 철회하는 것이 불가능하지 않다는 증거를 목도하고 있다. 오늘날의 기후 위기 속에는, 훗날 전환점으로 서술할 만한 순간이 있을 것이다. 그 순간들은 지금 일어나고 있을지도 모르며, 최근에 벌써 일어났을 수도 있다. 그 순간에, 우리가 지구를 노예로 삼고 있으며, 이러한 착취가 근본적으로 비윤리적이라는 파괴적인 앎이 더욱 많은 이들에게 확산되리라. 우리는 여전히 이런 윤리를 위한 새로운 언어를 찾고 있다.

이렇게 인지 장면의 패러다임 — 그 한계와 활용 가능성 — 을 살펴본 지금, 나는 이제 글을 마무리 지으며 2003년에 사이드가 프로이트에 대해 강연했던 내용과 그의 마지막 저서가 된 『프로이트와 비유럽(Freud and the Non-European)』을 잠시 언급하고자 한다. 여기에서 사이드는, 프로이트가 인간 정신을 이해하는 방식에 영향을 끼친 특정한 양태에 주목한다. 아주 일반적으로 말하자면, 프로이트는 우리가 스스로 이해하지 못하는 것을 발굴함으로써 '의식적 의지(the conscious will)'를 중심에서 밀어냈다. 그는 정신과 마음의 타자성을 인정함으로써 우리 자신을 양가성, 낯섦, 내면적 불화와 화해시키고자 했다. 어떤 면에서 보자면, 프로이트는 고집 세고 정신 나간 그리스의 신들을 슈퍼에고(초자아)로 바꿔 놓았다.* 세상으로부터 다가오는 타자성은 처음부터 우리 안에 있었던 것이다.

사이드는, 프로이트의 후기 저작 『모세와 유일신교(Moses and Monotheism)』를 설명하며, 히브리 예언자 모세는 사실 이집트인이며, "유일신에 대한 모세의 사상은 전적으로 이집트 파라오에게서 나온 것"이라고 지적한다. 사이드는 이 같은 내용을, 유럽 중심주의에 경도되어 있던 프로이트의 시선이 유대인의 뿌리에 도사린 타자성 모델에 자리를 내주었다는 신호로 읽어 낸다. 사이드는 프로이트가 이 저작을 통해 무의식적으로 시오니즘과 시오니즘의 민족주의적 이데올로기를 거부한다고 보았다. 유대 종교의 뿌리에 비밀스럽게 자리한 이집트

---

* 프로이트의 이론에서 '초자아(superego)'는 부모, 사회, 종교 등의 외부 권위가 내면화된 심리 구조로, 개인의 도덕적 판단과 금기를 통제하는 역할을 한다. 여기서 말하는 '고집 세고 정신 나간 그리스의 신들'은 인간을 무자비하게 다루는 고대 신화 속 신들의 모습으로, 외부에서 가해지는 강력한 통제와 처벌의 상징이다. 이 문장은, 이러한 외부 권위가 프로이트의 이론에서 인간 내면의 감시자로 전환되었음을 유머러스하게 표현한 것이다. 즉, 인간을 억압하던 신들이 이제는 우리 안에서 '양심'이나 '죄책감'의 형태로 작동하게 되었음을 의미한다.

적 성격은 중동에서 벌어진, 본질적으로 유럽적 프로젝트였던 이스라엘 국가 설립 과정 중에 집단적으로 억압되었다. 사이드는 프로이트의 이 저작이, 이스라엘 건국을 정당화하는 데에 동원된 시오니즘 고고학에 대한 대안적 고고학을 탐색할 뿐 아니라, 유대 종교의 불안정한 기원을 파헤치고, 유대 서사의 중심에 있는 '위대한 낯선 이'—비유럽인, 비유대인—의 자리를 드러낸다고 주장했다. 사이드는 이러한 분석을 통해, 그가 종종 고착화한다고 비판받았던 이분법마저 해체한다.

중요하게도, 바로 이런 관점을 바탕으로 사이드는 비시오니즘적 유대인 모델을 "구제할 수 없을 만큼 디아스포라적이고 집을 잃은 정체성"이라고 표현한다. "이런 모델을 굳이 유대인에게만 적용할 필요는 없다. 대규모 인구 이동과 난민, 추방, 해외 이주가 일어나는 우리 시대에 이것은 자기 공동체 안팎에 동시에 존재하는 사람의 디아스포라적이고 방랑적이며, 미해결된 코즈모폴리턴적 의식 속에서도 발견된다." 여기에서 사이드는 자신을 묘사하는 듯 보인다.

이렇게 사이드는 내가 설명한 인지 장면을 뒤집는

다. 그는 낯선 것을 익숙한 것으로 인지하고 이야기를 마무리하는 대신에, 우리로 하여금 익숙한 것을 낯선 것으로 인지하라고 요청한다. 그는 사람을 집단으로 간단히 분류할 수 있도록 하는, 고정된 정체성이라는 허구적 위안을 해체하는 방법까지 제시한다. 사이드의 제안은 말처럼 쉽게 실천할 수 없지만 확실히 도발적이다. 사이드의 이 같은 주장은, 자아에 대한 수많은 서사가 민족 국가에 적용될 때, 언젠가 자기중심적 불관용으로 굳어질 수 있음을 시사한다. 서사라는 형식이 우리를 위로하고 장차 노력해 나아가야 할 방향을 인도해 줄 수도 있지만, 결국 우리는 '인간의 자유'라는 아직 끝나지 않은 기획의 지평에서 타자의 빛이 나타나는 순간에, 스스로 형태를 바꾸고 중심에서 벗어날 준비가 되어 있어야 한다.

아마 이 강연은, 군인 대니얼이 던진 질문에 대한 길고 복잡한 응답일지도 모른다. 나는 당시에, 우리가 집단의 일부가 아니라 개인으로서 스스로 생각할 수 있느냐는 그의 질문에 대답하지 않았다. 어쩌면 대니얼은 이제 에드워드 사이드의 글을 읽었을 것이다. 사이드에게 팔레스타인성이란 만성적 추방 상태를 의미한다. 그러한 추방은 고통이기도 하지만 윤리적 입장이기도 하다. 집단과의 유기적 연결을 존중하면서 거리감을 유지하는 것, 외로움과 연대 사이의 어딘가에 존재하는 것, 언제나 조금은 낯선 이로 남아 있는 것. 서사의 결말과 매듭의 맺어짐에 저항하는 것. 끊임없이 지켜보며, 집에 와 있다는 느낌에 너무 강하게 도취하지 않는 것 말이다.

후기

가자에 대하여

예전에 어떤 사람이, 두 번째 인티파다* 도중 디아스포라인 팔레스타인 사람에 관한 구술 역사 프로젝트를 진행하다가 어느 나이 든 팔레스타인 여자를 인터뷰한 적이 있다고 내게 말했다. 그 팔레스타인 여자가, 런던의 자기 거실 텔레비전에 나오는 다른 여자를 가리키

---

* 인티파다(Intifada). 팔레스타인 사람들이 이스라엘의 점령에 항거하여 일으킨 대규모 민중 봉기. 1차 인티파다는 1987년부터 1993년까지, 2차 인티파다(일명 알아크사 인티파다)는 2000년 9월부터 약 2005년까지 지속되었다. '인티파다'는 아랍어로 '흔들어 떨쳐 버리다'라는 의미를 가지고 있으며, 팔레스타인 민족의 저항 운동과 투쟁의 상징이다.

며 "저게 나야! 저게 나야!"라고 소리쳤다는 것이다. 나는 그 이야기를 듣고 감동적이라고 생각했다. 이어서 그 여자의 이름을 듣게 되었는데, 그 사람은 다름 아닌 내 할머니였다. 갑자기 나는 웃음을 터뜨렸다. 내 할머니는 매우 연극적인 분이기 때문이다. 하지만 지금 돌이켜 보니 다시 한 번 감동이 밀려든다. 텔레비전에 나오는 어떤 여자의 모습에서 자신을 본다는 것, 둘 사이의 거리를 마비된 무감각이 아니라 자기 고통의 또 다른 요소로서 경험한다는 것은 얼마나 순수한 관계인가? 지금 벌어지는 학살은 애도의 여지조차 허락하지 않는다. 애도에는 '그 이후'가 필요하지만, 지금은 오직 반복되는 충격과 조수(潮水)처럼 들고나는 슬픔밖에 없다. 학살 현장이 아닌 멀리서 지켜보는 우리는 그 같은 현실에 대처하기 위해 애써 거리를 둠으로써 스스로를 어떻게 훼손하고 있는가? 이 시점에 인간성을 유지한다는 것은 고통 속에 머문다는 뜻이다. 계속 거기에 머물도록 하자. 그곳에서야말로 더욱 정직하게 이야기할 수 있을 테니까.

2023년 9월, 처음 이 강연을 했을 때 나는 군사 점령과 정착민 식민주의, 아파르트헤이트라는 상황에 예속

된 팔레스타인의 오랜 현실을 다루었다. 이런 상황은 대개 점진적으로, 그러나 때로는 극적으로 악화되었다. 최근에 더 늘어난 정착민의 폭력과 서안 지구에서 빠르게 확대되는 이스라엘 정착촌, 미국의 선연석인 보호 아래 팔레스타인 사람들을 학대하고도 대체로 면책받는 점령군 등이 이런 상황에 포함된다. 내가 강연을 하고 나서 아흐레 뒤에 카삼 연대 — 하마스의 군대이자 가자 지구에서 권력을 잡은 단체 — 는 근처의 음악 축제 현장뿐 아니라 가자 지구의 철책과 인접한 지역의 이스라엘 군사 기지와 키부츠에 대해 육해공 기습을 감행했다. 팔레스타인과 이스라엘 양측의 공격으로 민간인 695명을 포함해, 총 1139명의 이스라엘인이 사망했다. 하마스 전투원들은 200명 넘는 이스라엘인을 납치했고, 몸값은 당시 이스라엘의 감옥에 억류되어 있던 5000명의 팔레스타인 정치범을 석방하는 것이라고 선언했다. 이러한 군사 행동은 몇 년 동안 비밀리에 계획되었음이 분명하며, 믿을 수 없을 만큼 폭력적인 방식의 탈옥과 닮아 있었다. 이 사건은 패러다임의 전환을 의미하기도 했다. 이는 아파르트헤이트가 이제 누구에게도 안전할 수 없다는 메시

지였다.

　나는 이스라엘 군대가 정말로 하마스 전투원들을 뿌리 뽑으려 한다고 확신한다. 또한 그러한 목표를 이루지 못하자, 그들이 이스라엘 내부의 사기를 돋우고 군사적 패배라는 치욕을 감추기 위해 발가벗겨진 팔레스타인 남자들과 소년들을 줄지어 무릎 꿇린 사진들을 보여 준다고 확신한다. 이 같은 사실들은 인종 학살적 수사(修辭)나 그것을 표방하는 국가의 행위와도 모순되지 않는다. 이 글을 쓰는 2024년 1월, 가자에서는 2만 5000명이 넘는 팔레스타인 사람들이 살해당했다고 보도되었다. 그중 8000명 이상은 신원조차 확인되지 않았다. 이스라엘 민간인에 대한 그 어떤 공격도 이러한 행위를 정당화할 수는 없다. 이스라엘이 10월 7일에 발생한 하마스의 공격에 대한 대응으로 자기방어를 한다는 주장은, 그들이 이미 점령한 인구 집단을 상대로 군사력을 사용한다는 점에서 어처구니없는 명분이다. 대규모 학살과 민간 인프라의 파괴, 노골적인 대량 추방 논의 앞에서 이런 주장을 지지하기는 더 이상 불가능하다. 어린이 1만 명을 죽이는 것은 자기방어가 아니다.

이집트의 작가이자 현재 정치범으로 수감되어 있는 알라 압델 파타는, 2012년 가자를 방문했을 때 그곳 상황을 "아직 도래하지 않았으나 우리 모두가 향하는 어느 암울한 미래로부터 돌려보내진 과거 같다"고 설명했다. 이번 이스라엘의 공격이 벌어진 처음 두 달 동안, 최소 28만 1000톤의 이산화탄소가 대기로 방출되었다. 세계에서 가장 기후 변화에 취약한 국가 스무 곳의 연간 탄소 발자국을 모두 합친 양보다 많은 것이다. 이런 잔학한 행위가 세계열강의 지지를 받으며 우리 눈앞에서 버젓이 일어나고 있는데, 어떻게 우리가 지구와 그 자원, 우리의 집단적 미래를 돌볼 수 있으리라고 기대하겠는가? 이 공격은 팔레스타인 사람에게뿐 아니라 모두에게 닥친 대재앙이다.

나는 최근 몇 달간의 시간이 수많은 사람들에게 개인적 성찰의 순간을 가져왔으리라고 믿는다. 세계는 오랫동안 팔레스타인에 대한 폭력을 관용해 왔지만, 이번 공격은 자신을 완전한 방관자로 여기는 사람들에게조차 이내 견딜 수 없는 수준의 폭력에 이르렀다. 그러나 전 세계의 수많은 사람들이 — 알제와 자카르타, 런던, 심지어 베를린의 거리에서 수십만 명이 — 이 같은 폭력을 거부하는 와중에도 미국만큼은 이스라엘 정부의 소행을 여느 때처럼 강력히 지원하고 있다. 바이든 대통령은 최근 의회를 우회해, 이스라엘에 매년 지급하는 38억 달러 외에도 143억 달러의 군 보조금을 추가로 지원할 것을 서약했다. 게다가 미국은, 이른바 이스라엘과 팔레스타인의 평화를 위한 중재자라고 자처하면서도 — 인도주의적 휴전에 반대하는 것과 마찬가지로 — 팔레스타인의 자기 결정권을 재확인하는 결의안을 다룬 UN 총회에서 반대표를 던졌다. 가장 중요하고도 치욕스러운 사실은, 미국이 2023년 12월 8일에 즉각적인 인도주의적 정전을 요구하는 안보 이사회 결의안에도 거부권을 행사했다는 점이다. 미국 대표인 로버트 우드가 홀로 손을 드는 사진은 서구 의식에 오점으로 남아야 마땅하다. 당시 가자에서는 이미 1만 8000명의 팔레스타인 사람들이 이스라엘의 폭격으로 사망한 뒤였다. 미국 의회에서 담론의 전쟁이 벌어지는 동안 "인티파다" 같은 아랍어 단어가 "인종 대학살"로 잘못 번역되기도 했다. 이스라엘한테 점령당한 팔레스타인 인구 집단은, 다름 아닌 유대인에 대한 홀로코스트를 연구하는 전문가들조차 "인종 대학살의 교과서 같은 사례"나 "현재 진행형의 인종 대학살"이라고 부를 법한 방식으로 공격당하고 있다. 미국은 이런 범죄를 잘 안다. 미국은 인도네시아와 과테말라 같은 다른 나라에서도 인종 대학살을 도왔고, 그에 대한 보복을 당한 적은 한 번도 없다. 현재 남아프리카 공화국은, 인종 대학살을 저지른 혐의로 이스라엘을 국제 사법 재판소에 제소했다. 이스라엘 총리 베냐민 네타냐후는 헤이그에서 벌어진 소송에 대해 "아무도 우리를 막지 못한다."라고 응수했다.

질문하라. 미국에는 어째서 거부권이 있는가? 왜 미국인들은 포로가 된 민간인을 상대로 싸우는 외국의 전쟁 기계를 위해 매년 수십억 달러의 세금을 지출하는가? 미국과 영국이 모두 팔레스타인의 자기 결정권에 반대표를 던졌다면, 이것은 영어권 국가들, 더 나아가 북반구 전체에서 가장 강력한 두 나라가 팔레스타인 사람들은 언제까지나 식민화되고 와해된 민족으로 남아 있어야 한다고 믿는다는 의미인가? 팔레스타인은 절대 자유로워지면 안 되고, 요르단강에서 지중해에 이르기까지 이스라엘의 아파르트헤이트에 계속 굴복해야 한다는 뜻인가? 팔레스타인 사람들은 끊임없이 일상적인 폭력과 난민촌에서의 가난, 영구적인 정치적 소외에 시달려야 하는가? 세계를 다스리는 권력과 원칙이, 딱히 숨기려는 기색조차 없이, 이제 삼차원의 총천연색으로 모습을 드러내고 있다.

"에드워드 사이드라면 뭐라고 말할까?"라는 질문은 티셔츠에 인쇄되어 있을 법한 문구이지만, 나는 최근의 어마어마한 폭력과 인종 청소에 직면해서도 팔레스타인의 권리를 지지하는 목소리를 틀어막는 데 남용되는, 서구의 반유대주의라는 개념에 대해 사이드가 무어라고 말했을지 궁금하다. 서구 학계의 심장부에서 활동하고, 언어 전쟁의 주요 격전지인 컬럼비아 대학교에서 활약한 사이드는 뭐라고 말했을까? 사람들이 대량 학살에 반대하는 목소리를 냈다는 이유로 위협당하거나 직업을 잃고, 심지어 누군가는 체포를 당하는 시대에 대해, 정전을 촉구하는 목소리가 서구 민주주의 사회에서 논란거리가 되는 세상에 대해 사이드는 뭐라고 말했을까?

어떤 의미에서, 이 같은 발언에 대한 최근의 공격은

지난날 사이드가 직면했던 폭력과 재갈 물리기의 연장선에 불과할지도 모른다. FBI는 사이드가 사망한 시점에 238페이지에 달하는 파일을 보유하고 있었다. 그는 자주 혐오성 편지와 살해 협박을 받았다. 컬럼비아 대학교에 있는 그의 연구실은 방화를 당했고, 야구 방망이에 맞아 문이 부서지기도 했다. 총장을 제외하면, 사이드는 그 대학교에서 유일하게 방탄 창문과 비상경보 버튼을 가진 사람이었다. 팔레스타인 사람들은 사이드를 온건파로 보지만, 서구에서 그는 위험인물이었다. 직설적으로 발언하는 사람, 위선적인 도덕에 굴복하지 않는 사람 말이다. 오늘날 살아 있었다면, 나는 그가 아주 분명한 목소리를 냈으리라고 믿는다. 에드워드 사이드라면 그의 대학교 캠퍼스에서 벌어지는 학생 처벌, 기득권층과 미국(과 영국)에서 가장 널리 읽히는 신문과 뉴스 방송국의 이중 화법, 그들의 노골적인 이중 잣대, 암살과 대량 학살을 정당화할 구실로 슬픔을 냉소적으로 이용하는 행위에 틀림없이 분노했을 것이다.

언어 전쟁이 벌어지는 까닭은, 서구 사회가 아무리 무해하게 보이는 혐오 발언조차 결국 인종 대학살로 가는 첫걸음이라는 사실을 잘 알기 때문이다. 그러나 서구는 순환 고리에 갇혀, 외면하고 싶은 (이미지로 전달되는) 현재 대신에 언제나 (언어로 치환된) 과거를 바라본다. 서구의 지배 담론에서 인종 대학살은 오직 유대인을 상대로만 일어난다. 한때 그런 일이 실제로 벌어졌기 때문이기도 하지만, 일단 유대인은 유럽인이기에 유일하게 보호해야 하는 집단으로 가시화되는 것이다. 홀로코스트의 기억은 또 다른 유대인이자 팔레스타인 사람이기도 한 인물, 예수 그리스도라는 인물의 살해처럼 기능하기 시작했다. 수 세기에 걸쳐 예수의 이름으로 착취와 폭력적 민족주의, 성전과 명백한 사명* 등 온갖 종류의 대재앙이 자행되지 않았던가.

 핸드폰으로 하나의 집단이 대량 학살당하는 전쟁을 지켜본다는 것은 인간사의 새로운 끔찍함이다. 전쟁의 폭력으로 살해당하기 직전에, 민간인과 아이와 학자와 예술가와 기자 들이 사회 관계망 서비스로 그 현장을 생중계하는 것이다. 아이들은 먼지를 하얗게 뒤집어

---

* manifest destiny. 19세기 미국에서 서부 확장 정책을 정당화하기 위해 사용한 개념이다.

쓰고, 죽음으로 파랗게 질린 채, 눈물 자국이 남아 있는 얼굴로 화면 속에서 우리를 바라본다. 매장되지 않은 시신이 거리 전체에 널려 있다. 파괴된 주택의 돌무더기에서 구조되어, 남자 세 명이 든 들것에 실려 나오는 소녀는 그들에게 자신을 묘지로 데려가는 것이냐고 묻는다. 그중 한 남자가 놀란 기색으로 웃으며 아이에게, 넌 참 아름답다고, 지금 살아 있다고 말해 준다. 하지만 끔찍한 일이다. 아이는 죽을 각오를 했었고 현재 자신이 죽었다고 생각하고 있으니 말이다. 이스라엘 군인들은 흰 깃발을 든 임신한 여자를 살해한다. 그리고 흰 깃발을 든 세 사람의 이스라엘 인질마저 살해한다.* 공습으로 아내와 아이들을 잃은 한 남자가 폐허의 기둥을 붙들고 목청이 터져라 고함을 지른다. "난 이제 누구를 안아야 하나? 누구를 안아야 하느냐고?" 동료가 살해당했음을 안 기자는 PRESS 조끼와 헬멧을 전부 벗어 버리고 "이게 다 무슨 의미야?"라고 절규한다. 그 말을 듣던 스튜디오 기자는 얼굴을 감싼 채 흐느낀다. 아이의 시신이 건물에 매달

---

* 2023년 12월, 가자 지구에 억류되어 있던 이스라엘인 인질 세 명을 이스라엘군이 오인 사살한 사건을 가리킨다.

려 있다. 가족 전체가 포화(砲火)에 쓸려 나갔다. 묘지는 파괴되고 무덤은 파헤쳐졌으며 'WCNSF(Wounded Child No Surviving Family, 생존 가족이 없는 부상 아동)' 같은 약자까지 만들어졌다. 이런 참상을 보고 피카소의 「게르니카」를 떠올린 사람이 내가 처음은 아닐 것이다. 하지만 나는 이 같은 생각조차 또 하나의 회피가 아닌지, 고민한다. 1982년, 프랑스 작가 장 주네는 레바논의 샤틸라 난민촌을 방문하고 받은 인상을 기록했다. 이스라엘의 협조와 지원 아래 팔란지스트군*이 팔레스타인인과 레바논 시아파 사람을 상대로 대학살을 벌인 지 일주일 뒤였다. 그는 이렇게 썼다. "사진으로는 파리 떼도, 죽음의 걸쭉하고 흰 냄새도 포착할 수 없다. 또한 사진은 한 시체를 넘어 다른 시체로 걸어가야 할 때 깡충거리는 동작에 대해서도 말해 줄 수 없다." 나는 화면을 들여다보며 핸드폰 카메라와 뉴스 영상이 포착할 수 없는 것을 상상하

---

* 레바논의 기독교계 정당인 카타이브당(Kataeb Party, 일명 팔랑혜당)의 무장 세력으로, 레바논 내전(1975~1990) 당시에 중요한 역할을 했다. 1982년에는 이스라엘군의 지원 아래, 베이루트 남부의 사브라와 샤틸라에 자리한 팔레스타인 난민촌을 공격해, 적게는 수백에서 수천 명으로 추산되는 팔레스타인 사람과 레바논 시아파 무슬림을 학살했다.

려 애쓰지만, 때로는 시신과 얼굴이 망가진 아이들을 마주하기가 너무 힘들어서 겨우 몇 초밖에 바라볼 수 없음을 고백한다.

과거 — 대학교와 예배 장소, 직가, 교육자, 기자, 어린아이, 1948의 나크바를 기억하는 노인 — 는 파괴되었고, 미래도 파괴되었다. 도대체 무슨 미래가 파괴되었느냐고 물을지도 모르겠다. 이 사람들은 17년 동안 포위당한 채, 이른바 "노상 감옥"에서 살아왔고, 이스라엘에서 칼로리 단위로 계산해 배급한 음식을 먹어 왔으며, 애당초 "사람이 살 수 없는" 상황이었는데, 그게 무슨 미래냐고 말이다. 그러나 그곳에는 미래 비슷한 것이 있었고, 이제 그것마저 파괴되었다. 2백만 명의 팔레스타인 사람들이 터전에서 쫓겨났고, 그들을 겨냥한 대량 학살은 생중계되었다. 가자에서 가까스로 폭탄을 피한 사람들은 굶어 죽거나 목말라 죽거나 감염병에 걸려 죽거나 추위로 죽는다. 서안 지구에서는 수백 명 이상의 팔레스타인 사람들이 이스라엘 정착민과 군사 테러로 인해 살해당했으며, 이스라엘 군사 감옥에 수감된 팔레스타인 사람의 숫자는 두 배로 늘어났다. 1948년의 나크바가 실은 전혀 끝나지 않았다는 것과 우리가 지금 그 되풀이를 지켜보고 있다는 것, 이 두 가지 사실은 동시에 진실이다. 이스라엘의 한 지휘관은 가자 전쟁을 "나크바 2.0"이라고 묘사했다. 내가 이 글을 쓰는 현재까지도 정전은 아직 이루어지지 않았다. 나는 지금 당신이 어떤 현실을 살고 있는지 궁금하다. 이 글을 읽는 시점에, 당신은 내가 직면해 있는 순간에 대해 뭐라고 말하겠는가? 우리 사이의 간극은 얼마나 넓은가?

나는 오직 현재라는 순간 속에서만 글을 쓸 수 있고, 나의 제한된 주관적 시점에서 말할 수밖에 없다. 항상 볼 수 있는 것은 아니지만, 나는 경계선을 의식한다. 설령 벌을 받게 되더라도, 나는 역사 속으로 손을 뻗어 오늘날의 상황과 비슷한 무언가를 찾는 일이, 가령 바르샤바와 베이루트, 베트남을 조망하며 보편적인 개념을 끌어내는 일이 여전히 중요하다고 생각한다. 그래야 현재 일어나는 일을 틀 짓고 이해할 수 있다. 더불어 우리가 이 순간의 고유한 특성을 파악하고, 지금 어딘가 새로운 곳으로 거침없이 내달리고 있음을 인지하는 것 역시 중요하다.

나는 이 강연을 시작하면서, 우리가 오직 회고적인

방법으로만 전환점을 식별할 수 있다고 주장했다. 그러나 지금 톱니바퀴가 돌아가는 속도와 격렬함을 생각해 보면 우리는 분명히 어떤 전환점의 한가운데에 도달해 있는 듯하다. 그럼에도 우리가 어느 방향으로 움직이고 있는지는 알 수 없다. 최근 어느 시점에 우리는 보이지 않는 선을 넘은 것 같고, 그 선의 이쪽에서는 이윤을 추구하려는 의지와 결합한 벌거벗은 권력이 인류 공동의 이익을 압도하고 있다.

나는 또한 사이드의 인도주의 개념으로 이 강연을 시작했다. 그의 인도주의는, 오직 다양한 타자의 비인간성을 근거 삼아 인간성을 규정하는 유럽적 기원을 넘어서는 확장된 개념이다. 이스라엘 국가의 수사법에 보조를 맞추는 서구의 주류 언론은 선택적으로 인간성을 부여하는 식민주의적 원칙이 단 한 번도 사라진 적이 없음을 여실히 보여 준다. 이스라엘 농무부 장관인 아비 디히터는 가자 지구에서 행해진 폭격을 정당화하며 그곳 사람들을 "인간 동물(human animals)"이라고 불렀다. 벤그비르 역시 팔레스타인 사람들을 상대로 한 억압과 집단적 처벌, 살해를 정당화하기 위해 오랫동안 비슷한 언어를 사용해 왔다. 그 전의 수많은 이스라엘 지도자들도 다르지 않았다. 국제법은, 그리고 인권을 다루는 언어와 법률은 여태껏 평등하게 적용된 적이 없다. 19세기, 시온주의 운동과 함께 시작된 팔레스타인 사람들에 대한 수사적 비인간화는, 공공연히 인종 청소에 동의하는 이스라엘과 서구 사회의 입장을 오랫동안 지탱해 왔다.

이스라엘 국가는, 최소 20년 동안 다양한 선택을 할 수 있었다. 아파르트헤이트를 유지하며 민주 국가로서의 자격을 포기하는 것, 1967년의 국경선으로 돌아가 팔레스타인 국가의 창건을 허용하는 것, 아파르트헤이트 체제를 무너뜨리고 팔레스타인이 하나의 국가라는 현실을 인정하며 해방하는 것, 또는 대규모의 인종 청소를 하는 것 말이다. 그들은 마지막에 언급한 방법을 선택하려는 듯하다.

나는 이스라엘이 그러한 짓을 저지르고도 아무 대가를 치르지 않을까 봐 걱정된다. 1996년에 식민주의와 인종 대학살의 역사를 연구한 저서 『야만의 역사(Exterminate All the Brutes)』에서 — 이 제목은 조지프 콘래드의 『암흑의 핵심』에서 따온 것이다. — 스벤 린드크비스트는 이렇게 썼다. "말살이라는 개념은 바이마르의 괴테하우스에서 부헨발트까지의 거리만큼이나 인도주의의 핵심과 가까이 자리해 있다.* 이러한 통찰을 거의 완전히, 심지어 독일인들에 의해서조차 억압되어 왔다. 인종 말살은 사실상 유럽의 공통 유산이지만, 독일만이 유일한 희생양으로 지목되어 온 것이다." 우리가 무엇을 상대하고 있는지 이제야 분명하게 보인다. 다른 사람들은 나보다 이 점을 더 빠르게, 더 똑똑히 이해했을지도 모른다. 따라서 지금이 내게는 개인적 인지의 순간인 것이다. 내가 어느 차원에서는 항상 알고 있었지만 알고 싶지 않았던 현실을 마주하는 순간 말이다.

수사적으로 비약해서, 지금 이 순간을 돌아보고 싶은 충동마저 든다. 당신이라면 무엇을 했을까? 그 말은, 아직 시간이 있다는 뜻이다. 그 말은 또한 시간이 사라

---

* 괴테하우스는 독일 바이마르에 위치한 독일의 문호 괴테의 생가로, 현재는 박물관으로 운영되고 있다. 부헨발트는 바이마르 근처에 위치한 나치 독일의 악명 높은 강제 수용소로, 2차 세계 대전 중 수많은 유대인들과 반체제 인사들이 이곳에서 희생되었다. 린드크비스트는 이 두 장소의 지리적 근접성을 통해 인류 문명의 상징과 잔혹한 역사적 현실이 얼마나 가까이 맞닿아 있는지를 강조하고 있다.

져 가고 있다는 뜻이기도 하다. 10분마다 한 명의 어린이가 살해당하고 있다. 지나고 나서 말하기는 쉬울 것이다. "정말 끔찍한 일이었어. 세상이 요동치던 그때, 내 손으로는 아무것도 할 수 없었어."라고.

물러나지 말라. 가자의 팔레스타인 사람들이 되어 보라. 그들의 얼굴을 마주하라. 말하라, "저게 나야!"라고. 마흐무드 다르위시는 우리에게 이야기한다. "가자는 사람을 냉철한 숙고로 몰아가지 않는다. 오히려 가자는 사람들을 폭발시키고, 진실과 충돌하게 한다." 이스라엘 사람들은 팔레스타인을 파괴하고 싶어 한다. 하지만 그런 일이 정말로 가능하다고 생각한다면 오산이다. 팔레스타인은 하이파에 있다. 팔레스타인은 예루살렘에 있다. 팔레스타인은 가자에 있고 지중해에 있으며 샤틸라에서 야르무크에 이르는 난민촌 곳곳에 살아 있다. 팔레스타인은 기적적으로, 심지어 뉴욕에도 살아 있다. 이스라엘은 정말로 팔레스타인의 생존 의지를 지울 수 있다고 믿는단 말인가? 장장 75년에 걸쳐 때로는 더디게, 때로는 신속하게 이루어진 팔레스타인 사람들을 말살하려는 그들의 시도는 이따금 어리석은 전략처럼 보인다. 그들은 가자를 폭격할 때마다 가자를 더 단단하게 만들 것이다. 가자의 투사들을 지하로 숨어들게 하여 훗날을 도모하게 할 것이다. 어쩌면 그들은 이 사실을 매우 잘 알고 있으며, 내심 욕망할지도 모른다. 그런 저항이 계속 폭격할 구실을 제공해 줄 테니 말이다. 하지만 그들은 절대 자신들의 계획을 완수할 수 없다. 우리 모두를 죽일 수는 없기 때문이다.

주네는 샤틸라에 관한 에세이에서, 팔레스타인 사람들의 아름다움에 관해 길게 이야기한다. 주네에게 팔레스타인 사람들은 프랑스에 맞서 일어난 알제리 사람들의 아름다움을 떠올리게 한다. 주네는 이를 "과거의 불행, 그 불행과 수치심을 책임져야 하는 체제와 인간들이 촉발하는 불손한 웃음"이자 "무엇보다도 수치에서 해방되기만 하면 쉽게 성장할 수 있음을 깨달은 사람의 불손한 웃음"이라고 묘사한다. 가자의 팔레스타인 사람들은 아름답다. 그들이 죽음에 직면해 서로를 돌보는 방식은, 나머지 우리들을 부끄럽게 한다. 가족들이 살해당했음에도 카메라를 향해 끊임없이 호소하던 알자지라의 기자 와엘 다드후는, 최근 침착하고도 기적적인 품위를 담아 다음과 같이 선언했다. "언젠가 이 전쟁은 멈출 것이고, 우리 중 살아남은 사람들은 터전으로 돌아와서 그곳에 다시 집을 짓고 다시 살아갈 것"이라고.

참고 문헌

Abd El-Fattah, Alaa, and Naomi Klein, *You Have Not yet Been Defeated: Selected Works 2011~2021, 2022*, Seven Stories Press.

Carson, Anne, '"Just for the Thrill": Sycophantizing Aristotle's "Poetics"', *Arion: A Journal of Humanities and the Classics 1*, no. 1(1990): 142~154.

Darwish, Mahmoud, 'Silence for the Sake of Gaza', *Journal of an Ordinary Grief*, 2012, Archipelago.

El-Rifae, Yasmin, *Radius*, 2022, Verso Books.

Ferrante, Elena, *My Brilliant Friend*, Book 1, the Neapolitan Novels,

2018, Text Publishing Company.(엘레나 페란테, 김지우 옮김, 『나의 눈부신 친구』, 2016, 한길사.)

Freud, Sigmund, *Moses and Monotheism: Three Essays*, 1974, Hogarth Press and the Institute of Psycho-Analysis.(지그문트 프로이트, 이윤기 옮김, 『종교의 기원』, 2020, 열린책들.)

Freud, Sigmund, and James Strachey, *Totem and Taboo and Other Works: (1913~1914)*, 2001, Vintage.(지그문트 프로이트, 이윤기 옮김, 『종교의 기원』, 2020, 열린책들.)

Genet, Jean, *4 Hours in Shatila*, 1982, Institute for Palestine Studies and Kuwait University.

Gospodinov, Georgi, *Time Shelter*, 2022, Weidenfeld & Nicolson.(게오르기 고스포디노프, 민은영 옮김, 『타임 셸터』, 2024, 문학동네.)

Kanafānī, Ghassān, *Palestine's Children: Returning to Haifa & Other Stories*, 2000, Rienner.

Kermode, Frank, *The Sense of an Ending: Studies in the Theory of Fiction*, 2000, Oxford University Press.

Levy, Deborah, *The Man Who Saw Everything*, 2019, Bloomsbury Publishing USA.(데버라 리비, 홍한별 옮김, 『모든 것을 본 남자』, 2024, 민음사.)

Levy, Deborah, *August Blue*, 2023, Farrar, Straus and Giroux.

Levy, Deborah, and Tom McCarthy, *Swimming Home*, 2017, And

Other Stories.

Lindqvist, Sven, and Joan Tate, *'Exterminate All the Brutes!': A Modern Odyssey into the Heart of Darkness and the Origins of European Genocide*, 1996, New Press.(스벤 린드크비스트, 김남섭 옮김, 『야만의 역사』, 2003, 한겨레출판.)

Marías, Javier, *A Heart so White: A Novel*, 2013, Vintage International.(하비에르 마리아스, 김상유 옮김, 『새하얀 마음』, 2015, 문학과지성사.)

Nelson, Maggie, *The Art of Cruelty: A Reckoning*, 2012, W.W. Norton.

Said, Edward W, 'Permission to Narrate', *Journal of Palestine Studies* 13(3), (1984): 27~48.

Said, Edward W., *The World, the Text, and the Critic*, 2010, Lightning Source UK Ltd, Harvard University Press.

Said, Edward W., *Freud and the Non-European, 2014*, Verso.(에드워드 사이드, 주은우 옮김, 『프로이트와 비유럽인』, 2005, 창비.)

Wynter, Sylvia, 'Novel and History, Plot and Plantation'. *Savacou* 5(1971): 95~102.

낯선 이를 알아보기
팔레스타인과 서사에 관하여

1판 1쇄 찍음 2025년 10월 1일
1판 1쇄 펴냄 2025년 10월 10일

지은이　　이사벨라 함마드
옮긴이　　강동혁
발행인　　박근섭·박상준
펴낸곳　　(주)민음사

출판등록　　1966. 5. 19. 제16-490호
　　　　　　서울시 강남구 도산대로 1길 62(신사동)
　　　　　　강남출판문화센터 5층(06027)
대표전화　　02-515-2000
팩시밀리　　02-515-2007
홈페이지　　www.minumsa.com

한국어 판　ⓒ (주)민음사, 2025. Printed in Seoul, Korea

ISBN　　978-89-374-4621-4 (03300)

* 잘못 만들어진 책은 구입처에서 교환해 드립니다.

『낯선 이를 알아보기』는 지적 예리함,
도덕적 명료함 그리고 깊이 있는 목적의식을
겸비한 책이다.

샐리 루니(『노멀 피플』의 저자)

『낯선 이를 알아보기』는 소설가가
수많은 논쟁적 기사보다 훨씬 예리하게
문제의 정곡을 찌를 수 있음을 증명한
완벽한 예시다. 함마드는 팔레스타인 투쟁이
인류 전체의 이야기임을 역설하며,
그들을 외면하지 말고 거기서 우리 자신을
발견해야 한다고 호소한다.

맥스 포터(『슬픔은 날개 달린 것』의 저자)

독서의 급진적 가능성을 일깨우는,
함마드의 『낯선 이를 알아보기』는 날카로운 지성,
인간적인 통찰 그리고 정의로운 분노로 이글거린다.
참혹한 전쟁을 목격하며 절망에 빠졌거나
위기의 시대에 문학이 어떤 역할을 해낼 수 있을지,
의문을 품은 이들에게 이 책을 권한다.

올리비아 서직(소설가)

『낯선 이를 알아보기』는 경이로울 정도로
비범하고 박식한 책이다. 함마드는 예술, 특히 문학이
여느 정치적 글쓰기보다 훨씬 깊은 진실을
드러낼 수 있음을 여실히 보여 준다.

라시드 할리디(역사학자, 『팔레스타인 100년 전쟁』의 저자)